Franz Wimberger
Lebenswende statt Lebensende

W0090119

Franz Wimberger

Lebenswende statt Lebensende

Reise meiner Herzensbildung

Grace today VERLAG

Copyright © 2016 Franz Wimberger

Franz Wimberger Ministry
St. Peter Straße 13, 4240 Freistadt, Österreich
www.franzwimbergerministry.at

Autor & Co-Autor: Franz Wimberger, Martina Bauer
Lektorat: Mag. Sonja Lengauer, Sonja Yeo
Umschlaggestaltung: spoon design, Olaf Johannson
Satz: Grace today Verlag
Druck: CPI – Clausen & Bosse, Leck
Printed in Germany

Die Deutsche Nationalbibliothek verzeichnet diese Publikation in der Deutschen
Nationalbibliografie; detaillierte bibliografische Daten sind im Internet über
http://dnb.d-nb.de abrufbar.

Bibelzitate, sofern nicht anders angegeben, wurden der *Lutherbibel* entnommen.
Copyright © 1985 Deutsche Bibelgesellschaft Stuttgart. Alle Rechte vorbehalten. Alle
Bibelübersetzungen wurden mit freundlicher Genehmigung der Verlage verwendet.

ELB   *Revidierte Elberfelder Bibel* © 2006, SCM R.Brockhaus im SCM Verlag GmbH & Co.
        KG, Witten.
EU   *Einheitsübersetzung,* Copyright © 1980 Kath. Bibelanstalt GmbH, Stuttgart.
HFA   *Hoffnung für alle* © by Biblica, Inc.®, hrsg. von Fontis.
NEÜ   *Neue evangelistische Übersetzung,* Copyright © Karl-Heinz Vanheiden.
NLB   *Neues Leben Bibel,* Copyright © 2006, SCM R.Brockhaus im SCM-Verlag GmbH &
        Co. KG, Witten.
SLT   *Schlachter Bibel,* Copyright © 2000 Genfer Bibelgesellschaft.

2. Auflage 2016

© 2016 Grace today Verlag, Schotten

Taschenbuch: ISBN 978-3-95933-036-7, Bestellnummer 372036

E-Book: ISBN 978-3-95933-037-4, Bestellnummer 372037

Nachdruck und Vervielfältigung, auch auszugsweise, nur mit Genehmigung des Verlages.

www.gracetoday.de

Widmung

Dieses Buch widme ich meiner Frau Edeltraud, mit der ich seit 42 Jahren verheiratet bin, und meinen Kindern Claudia und Christian.

Des Weiteren widme ich es dem Schriftsteller und Prediger Dr. James Richards, dem Unternehmer, Autor und Lehrer Karl Pilsl, dem Pastor Fred Lambert und Patrik Schramm.

Ihr wart in meinem Leben Wegbegleiter und Ermutiger, damit ich der Mensch werden konnte, der ich immer schon sein wollte.

Tausenden von Menschen kann geholfen werden, weil ihr mir geholfen habt, mein erstes Buch zu schreiben und zu veröffentlichen. Ich danke euch.

INHALTSVERZEICHNIS

VORWORT

Dieses Buch loderte schon lange als Flamme in meinem Herzen. Nun habe ich mich entschlossen, dieses Feuer in die Welt hinauszutragen. Es ist ein Werk der Dankbarkeit, für alles, was ich in meinem Leben lernen durfte, was mich und meine Familie gerettet hat. Ich möchte meine Erfahrungen weitergeben.

Ich ging in allen Bereichen des Lebens durch schwere Krisen und scheinbar ausweglose Situationen. Es wäre nur ein weiterer Schritt gewesen, um völlig in den Tiefen von Perversion, Betrug und Gottlosigkeit zu versinken. Ich wollte nicht mehr leben und hätte beinahe alles um mich herum mit in den Abgrund gerissen: meine Familie ebenso wie mein Unternehmen. Weder Ärzte noch Psychologen konnten mir helfen. Auch die traditionelle Kirche versagte mit ihren kraftlosen Predigten. Doch dann traf ich die wichtigste Entscheidung meines Lebens, und alles hat sich seither verändert.

Meine Erfahrung ist kein Einzelfall. Ich bin mir absolut sicher, dass jeder Mensch die Möglichkeit hat, sein Leben zum Positiven zu verändern. Darum möchte ich auch dich herausfordern, diesen Schatz zu entdecken; deine wahre Identität zu finden; deine Gaben und Fähigkeiten zu erkennen und zur vollen Entfaltung zu bringen. In dir schlummert ein großes Geschenk – wecke es auf!

Dieses Buch wird dein Leben verändern und dich zu einem zufriedeneren und glücklicheren Menschen machen. Du wirst nicht mehr derselbe sein, nachdem du es gelesen hast. Habe Mut und Vertrauen, lass dich von meiner Lebensgeschichte inspirieren.

Kapitel 1

Elternhaus

E s lag sehr viel Schnee in dieser Silvesternacht 1951, als mein Vater mit dem Pferdeschlitten zur zwei Kilometer entfernten Bahnstation fuhr, um telefonisch einen Arzt zu erreichen. Der Weg war umsonst, weil der Arzt – so wie das in dieser Nacht eben üblich ist – feierte und nicht erreichbar war. Derweilen kämpfte meine Mutter ums Überleben. Es war der 1. Januar, als ich um 0:30 Uhr im Elternhaus im oberösterreichischen Trölsberg 1 das Licht der Welt erblickte und meine Mutter dabei sehr viel Blut verlor. Als mein Vater zurückkam, blieben ihm und der Hebamme nur noch das Gebet. Mehr konnten sie nicht tun. Es waren also keine schönen Stunden, in die ich da hineingeboren wurde, denn bereits in der Silvesternacht des vergangenen Jahres hatte meine Mutter ein totes Mädchen zur Welt gebracht. Man kann sich ausmalen, wie schrecklich diese Situation in Kombination mit der Erinnerung daran war.

Die Trauer noch nicht überwunden, der Viehbestand war aufgrund von Tuberkulose notgeschlachtet worden, der Hof war hoch verschuldet und stand kurz vor der Versteigerung – meine Eltern wollten viel, aber zu der Zeit nicht noch ein Kind. Wenngleich das alles nachvollziehbar ist, macht mich die Erinnerung daran heute noch traurig. Ich hörte auch von meiner Mutter, dass ich ein »Kind der Ablehnung« sei. So etwas hört kein Mensch gern und schon gar nicht ein Kind, mögen die Umstände noch so furchtbar gewesen sein.

Dementsprechend schlecht war auch meine gesundheitliche Konstitution. Im Alter von zwei Jahren hatte ich bereits so starken Keuchhusten, dass ich sogar eine Erinnerung daran habe. Ich sehe es heute noch vor mir, wie ich in der Stube saß und hustete, dass ich glaubte, ich müsste ersticken – und es wollte einfach nicht aufhören. Das war schrecklich.

So gar nicht erinnern kann ich mich hingegen an liebevolle Zuwendungen meiner Eltern. Das lag aber nicht an mir, denn das ging meinen zwei Schwestern und zwei Brüdern nicht anders. Vielleicht hatte es mit der damaligen Zeit zu tun, damit, dass mein Vater seine Mutter bereits mit 13 Jahren verloren hatte oder dass der Vater meiner Mutter starb, als sie sechs Jahre alt war. Außerdem mussten meine Eltern extrem hart arbeiten. Was auch immer der Grund war, ich habe jedenfalls keine Erinnerung daran, von Mutter oder Vater liebevoll in den Arm genommen oder geküsst worden zu sein. Das Thema Liebe hatte bei uns am Hof nicht oberste Priorität. Lediglich wenn wir krank waren, erhielten wir so etwas wie liebevolle Zuwendung.

Von diesem Manko einmal abgesehen, das in der Nachkriegszeit sicher kein Einzelschicksal war, hatten wir eine gute Kindheit. Dass wir früh am elterlichen Hof mitarbeiten mussten, und zwar jeden Tag nach der Schule und in den Ferien, war für uns selbstverständlich. Ora et labora – Bete und arbeite. Das war die Philosophie bei uns zu Hause. Bildung hingegen hatte keinen so hohen Stellenwert. Mein älterer Bruder hatte es mit der Hauptschule probiert, aber weil er dort Englisch lernen musste und darüber schimpfte, befand mein Vater, dass wir das ohnehin nicht bräuchten und somit durften ich und mein jüngerer Bruder nur noch in die Volksschule gehen – und zwar acht Jahre lang, womit unser Weg vorerst vorgezeichnet schien.

Während meine Mutter von der ersten bis zur letzten Klasse lauter Einser gehabt hatte, war mein Vater schulisch nicht so begabt, was wohl auch daran lag, dass er und seine Geschwister nach dem Tod ihrer Mutter auf die umliegenden Höfe aufgeteilt wurden, um bereits früh zu arbeiten. Jedenfalls vertrat er die Einstellung, dass nur Handwerk goldenen Boden habe, und damals war das, was die Eltern, und speziell was der Vater sagte, noch Gesetz.

Ungeachtet dessen, dass man mir mit dem Schulentscheid eine Chance auf Bildung nahm, war ich ein fröhliches und aufgewecktes Kind. Den Großteil der 5 ½ Kilometer in die Schule gingen wir zu Fuß, was fast immer spannend war. In der Zeit nach dem Krieg lagen auf den Wegen und abseits davon mitunter auch Waffen herum. Damit schossen wir dann einfach in die Luft oder auf Nachbars Hühner. Es gab immer viel zu entdecken und man kann sagen, dass wir ziemlich »wild« und frei aufgewachsen sind.

Die Eltern hatten gar nicht die Zeit, darauf zu achten, ob wir Hausaufgaben machten oder lernten. Sie konnten sich darum nicht kümmern. Ich für meinen Teil hatte immer recht gute Noten, wenn man in Betracht zieht, dass ich nicht sonderlich strebsam war. Meine Hausaufgaben erledigte ich in den acht Jahren kein einziges Mal zu Hause. Meist schrieb ich sie in der Garderobe kurz vor dem Schulläuten. Wenn ich mehr gelernt hätte, wären wohl auch die Noten besser gewesen, aber viel wichtiger als gute Noten oder die Schule an sich waren bei uns zu Hause eben der Kirchengang und das Beten. Die Sonntagsmesse war heilige Pflicht.

Auch in der Jugendzeit, wenn wir um 5 Uhr früh von einer Veranstaltung nach Hause kamen, mussten wir sonntags in die Kirche gehen. Niemanden interessierte, wie wenig wir geschlafen hatten, da gab es keine Diskussion, und es war selbstverständlich, dass die gesamte Familie zur Kirche ging. Bis zum Bundesheer kann ich mich nicht an einen einzigen Sonn- oder Feiertag erinnern, an dem wir nicht im Gottesdienst waren. Allerdings kann ich mich auch nicht erinnern, von dort irgendetwas Geistliches mitgenommen zu haben. Wir waren geistlich, ja, im Sinne von religiös, aber das war es dann auch schon.

Obwohl ich getauft war, immer am Religionsunterricht teilgenommen hatte, zur Kommunion ging, gefirmt war und fast zwei Jahrzehnte lang jeden Sonntag das Glaubensbekenntnis mitsprach, wusste ich bis zu meinem 42. Lebensjahr nicht einmal im Ansatz, was Jesus Christus bedeutet. In all der Zeit konnte mir niemand etwas von einer lebendigen Beziehung zu ihm vermitteln. Alles, was ich tat, geschah aus reinem Gehorsam, Gewohnheit und Tradition. Ich erinnere mich, dass in meiner Jugendzeit das Highlight der Kirchenbesuche die anschließenden Treffen mit meinen Freunden bei der Stammtischrunde im Gasthof Hirsch waren. Da tranken wir bereits am Vormittag einige Biere – sozusagen zum Runterspülen der Kommunion. Eigentlich unglaublich, aber so war es.

Mit Gott hatte ich jedenfalls nichts am Hut. In der katholischen Jugendgruppe organisierte unser Kooperator[1] einige Male einen Bibelkreis, aber auch der trug keine Früchte und die diesbezüglichen Auswirkungen auf mein Leben sind mit Null zu verbuchen. Das waren einfach nur Verstandesdiskussionen, ganz ohne den Heiligen Geist.

Im Advent und im Mai war die Zeit des Rosenkranzbetens angesagt. Ich sehe meinen Vater heute noch vor mir, wie er dabei am Abend in der warmen Stube oft einschlief. Auch vor und nach

---

[1] Katholischer Hilfsgeistlicher.

dem Essen wurde bei uns viele Jahre lang gebetet. Das war einfach so, aus Tradition und Religiosität. Auch meine Eltern hatten keinerlei Bewusstsein für Jesus Christus. Als ich mich später der Freien Christengemeinde anschloss, fürchteten sie zunächst, ich hätte mich in eine Sekte verirrt.

Sie waren beide bereits über 70 Jahre alt, als ich mit ihnen dieses entscheidende Gebet sprach, bei dem sie Jesus in ihr Herz aufnahmen. Als ich 44 Jahre alt war, schenkte ich ihnen eine katholische Bibel und mein Vater erzählte mir später, dass er das gesamte Neue Testament gelesen habe, und auch meine Mutter nahm die Bibel regelmäßig zur Hand und las darin. Dadurch wurde auch ihr Leben verändert und sie verbrachten ihren Lebensabend als gläubiges Ehepaar in Frieden und Freude.

Das war nicht immer so gewesen, denn wenngleich mein Vater nie Widerworte geduldet hätte, wenn es um den Kirchenbesuch ging, so führte er ansonsten in mancherlei Hinsicht kein christliches Leben. Als Kind hatte er mitbekommen, dass sein Vater mit Dienstboten im Haus ein sexuelles Verhältnis hatte, und auch er tappte als Erwachsener in diese Falle und begann ein Verhältnis mit unserer Dienstmagd. Dies bemerkten auch wir Kinder.

Das Verhältnis ging so lange, bis die Magd schwanger wurde, dann musste sie vom Hof wegziehen. Für die ganze Familie war das eine belastende Zeit. Für meine Mutter sowieso, und auch wir Kinder hatten große Angst, dass unsere Eltern sich trennen würden. Meine Mutter schaffte es jedoch, meinem Vater zu vergeben. Die beiden haben sich versöhnt und sind Zeit ihres Lebens zusammengeblieben. Das war das erste Mal – soweit ich das in meinem Alter wahrnehmen konnte –, dass ich erfahren durfte, was Vergebung bedeutet. Das war eine extreme Erleichterung für uns alle, weil uns klar war, dass die Familie ansonsten völlig auseinander gebrochen wäre. In der damaligen Zeit war das generell ein harter

Brocken, weil die Affäre auch in der Nachbarschaft bekannt wurde und für die ganze Familie eine Schande war.

Da meine Eltern aber tüchtig und fleißig waren, blieben sie trotzdem angesehene und beliebte Leute. Zumindest war das mein Eindruck, weil ich ja auch sah, wie die anderen mit ihnen umgingen und wie hilfsbereit sie waren. Im Herbst beim Dreschen halfen sich die Nachbarn gegenseitig, und da konnte ich schon erkennen, dass mein Vater als fleißiger Arbeiter geachtet und geschätzt wurde. Das war mir wichtig, weil ich meine Eltern sehr gerne hatte. Das Gleiche kann ich von meinen Geschwistern behaupten, mit denen ich noch heute ein gutes Verhältnis habe. Auch unseren Hof gibt es noch. Er wird mittlerweile von einem Sohn meines Bruders bewirtschaftet. Wir hatten nun einmal unsere Krisen, wie es sie vermutlich in den meisten Familien gibt, aber wir sind daraus auch gestärkt hervorgegangen.

Kapitel 2

Jugend und Berufsausbildung

Als ich in der achten Schulklasse war, stand die Entscheidung der Berufswahl bevor. Mein großes Vorbild war ein Freund aus der Nachbarschaft, der eine Ausbildung zum Koch und Kellner gemacht hatte und als solcher auf Schiffen in der ganzen Welt unterwegs war. Er erzählte mir von seinem Job und von seinen Abenteuern, und für mich war klar: Das wollte ich auch! Raus in die Welt, etwas erleben – danach stand mir der Sinn, das war mein Traum. Allzu lange konnte ich diesem Traum aber nicht nachhängen, denn eines Tages kamen Verwandte zu Besuch. Wir saßen beisammen und redeten über die Zukunft, die mein Vater bei der Gelegenheit gleich für mich festlegte. Nach seinen Vorstellungen hatte die nichts mit Schiffen oder Abenteuern zu tun. Mein älterer Bruder arbeitete zu dem Zeitpunkt ohnehin schon zu Hause am Hof mit, mein jüngerer Bruder sollte die Landwirtschaft erben und demzufolge auch am Hof arbeiten.

Für mich, den mittleren Sohn, wünschte er sich, dass ich Maurer werden würde, damit der alte Bauernhof neu gebaut werden könnte. Ja, mein Vater dachte sehr praktisch, und Träume hatten in seiner Realität keinen Platz, auch die meinen nicht. Ich wurde gar nicht gefragt, ob mir das gefiel oder nicht, und ich kam auch nicht auf die Idee zu widersprechen. Das Wort des Vaters war Gesetz. Wir haben von klein auf Autorität und Unterordnung gelernt und auch gelebt. An Aufbegehren war nicht zu denken. Bald darauf ging er mit mir zum ortsansässigen Bauunternehmer und stellte mich ihm vor. Der Mann nahm mich mit Freude auf, und ehe ich mich's versah, war ich Maurerlehrling.

Ich erinnere mich ganz genau, dass, wenn ich nach Hause auf den Hof kam, ich an den drei darauffolgenden Tagen immer weinte. Meine Kollegen waren eifersüchtig, weil ich von einem Hof abstammte. In der Nachkriegszeit war man als Bauer angesehen. Ihrer Meinung nach sollte ich einmal sehen, was es hieß, auf einer Baustelle zu arbeiten, und dementsprechend bürdeten sie mir Arbeit auf. Sie fühlten sich dazu berufen, mir die harte Schule des Lebens beizubringen. Vermutlich hatten sie keine Vorstellung davon, was es – abgesehen vom Ansehen – wirklich bedeutete, auf einem verschuldeten Hof aufzuwachsen, und wie viel ich bis zu diesem Zeitpunkt bereits gearbeitet hatte.

Am ersten Wochenende, nachdem ich die Lehre begonnen hatte, fragten sie mich, ob ich mit ihnen schwarzarbeiten gehen wolle. Ich sagte ja, weil ich dazugehören und ihnen gefallen wollte. Genau so war es dann auch. Sie akzeptierten mich, und die ganze Lehrzeit über arbeiten wir jeden Samstag und oft auch am Abend gemeinsam schwarz. Mittlerweile liebte ich meinen Beruf. Es war bereits im ersten Lehrjahr, dass ich mich auch im Herzen dafür entschieden hatte. Ich war draußen in der Natur, unter freiem Himmel, und ich konnte mit meinen Händen arbeiten – all das war ich vom Elternhaus gewohnt und mochte ich. Auch zu Hause konnte ich die erlernten Fähigkeiten gut umsetzen. So baute ich zum Beispiel einen kompletten Stall neu und war öfters mit Arbeiten am Haus beschäftigt. Es gefiel mir gut, dass da plötzlich etwas stand, das ich errichtet hatte.

Ich weiß noch genau, wie stolz ich war, als ich zum ersten Mal bei der neuen Handelskammer in Freistadt vorbeifuhr. Am Bau des viergeschossigen Gebäudes hatte ich mitgearbeitet, und als ich dann sah, was daraus geworden war, erfüllte es mich mit Zufriedenheit und Freude. Das Image eines Maurers war zwar damals nicht so gut wie heute, aber das kümmerte mich wenig, weil ich den Beruf vielseitig und interessant fand. Außerdem bekam ich von allen Menschen, für die ich arbeitete, viel Anerkennung und Respekt. Das bedeutete mir sehr viel, weil mein Mangel an Selbstwert extrem groß war, und das wurde damit einigermaßen kompensiert.

Bereits im zweiten Lehrjahr durfte ich mit der Kollegentruppe mit nach Wien fahren, wo wir am Wochenende Privathäuser innen verputzten. In der Zeit bis zum Bundesheer lernte ich wirklich viel über das Maurerhandwerk, weil damals Baufirmen noch alles machten, also vom Estrich bis zum Innen- und Außenputz. Heute gibt es dafür ja schon viele Subunternehmen, aber in der damaligen Zeit musste man das als Maurer alles können.

Durch meine Maurerkollegen, die auch meine Freunde wurden, habe ich aber nicht nur bei der Arbeit viel gelernt. Sie brachten mir auch das Rauchen und das Trinken bei. Bereits am ersten Arbeitstag zündete ich mir meine erste Zigarette an, weil ich mir so ihre Anerkennung erheischen wollte. Die Freitag- und Samstagabende sowie die Sonntage verbrachte ich mit meinen Freunden in Gasthäusern oder wir zogen von einer Veranstaltung zur nächsten. Nie wieder habe ich so viel getrunken wie in meiner Jugendzeit, und ich war auch danach kein Kind von Traurigkeit.

Das war in unserer Clique einfach so üblich und gehörte ebenso dazu wie der leichtfertige Umgang mit Mädchen und Sexualität. Ich nutzte wirklich jede Chance, die ich bekam, und das waren nicht wenige. Heute bin ich darauf alles andere als stolz, und es tut mir sehr leid, dass ich den Sinn und den Wert von Sexualität so gar nicht zu schätzen wusste, aber damals hatte ich dafür absolut kein Bewusstsein. Und das, obwohl ich in der katholischen Landjugend in Freistadt sehr aktiv und zwei Jahre lang sogar katholischer Jugendführer gewesen war. Wir kamen während der Woche zusammen, machten Ausflüge, gingen zum Tanz und organisierten selbst Sonnwendfeiern, Bälle und andere Veranstaltungen. Es wurde alles unternommen, was in der Jugend spannend war. In dieser Gemeinschaft erlebte ich eine sehr lustige und schöne Zeit, bis zum Bundesheer. Bevor es ab in die Kaserne ging, musste ich aber noch die Berufsschule beenden. Da mir das Lernen nicht sonderlich schwer fiel, absolvierte ich auch die Gesellenprüfung gut.

Zu der Zeit hatte ich bereits so viel Geld verdient, dass ich mir zwei Opel Kadett hätte kaufen können, doch stattdessen lieh ich das Geld meinen Eltern, die es in den Hof investierten. Mein Vater wollte von den Banken keinen Schilling aufnehmen, und so wurde der Hof eben nur allmählich, Stück für Stück hergerichtet.

Zum Bundesheer musste ich in Allensteig einrücken, wobei ich die letzten drei Monate in Freistadt absolvieren konnte. Zweimal wurde ich gefragt, ob ich nicht Gruppenführer werden wollte, aber ich lehnte jedes Mal ab, weil ich vor den Freunden und Kollegen nicht als Streber dastehen wollte. Der Umgang mit der Waffe bereitete mir keine Probleme, da ich ja bereits als Kind damit konfrontiert gewesen war. Diese Zeit ging also relativ unaufgeregt über die Bühne, und es war mehr oder weniger das Übliche: Es wurde viel gefeiert und getrunken. Somit sah ich das eher als Fortsetzung meiner bis dahin verlebten Jugend, nur eben unter anderen Gegebenheiten.

Wenngleich ich damals wirklich mit Herz und Seele Maurer war – den Traum von Reisen in die große weite Welt hatte ich nie aufgegeben, und so meldete sich nach dem Bundesheer das Fernweh. Ich wollte hinaus in die Welt, um andere Länder kennenzulernen. So weit war die Welt vorerst zwar nicht, aber zumindest ergab sich die Chance auf einen Job in Bayern, und die wollte ich mir nicht entgehen lassen. Hauptsache raus aus dem gewohnten Umfeld, in ein anderes Land – ich verfolgte da die Devise der kleinen Schritte und bewarb mich mit zwei Maurerfreunden bei einem großen Fertigteilwerk in Niederbayern.

Dort wurden wir mit Freude aufgenommen, und das sollte dann auch mein Arbeitsplatz für die folgenden beiden Jahre sein, in denen ich primär Fertigteilhallen montierte. In der Montage hatte ich ja keine Erfahrung, aber mit *learning by doing* und dem nötigen Einsatz ging das ganz gut. Fleiß und Strebsamkeit waren immer schon meine Stärken, und so wurde ich im zweiten Jahr bereits als Vorarbeiter eingesetzt. Gewohnt haben wir damals in einem kleinen Ort, in Unterdietfurt, 100 Meter neben der Kirche, die ich kein einziges Mal besucht habe, obwohl ich fast 20 Jahre lang streng katholisch erzogen worden und jeden Sonntag aus Tradition und Gewohnheit in den Gottesdienst gegangen war.

Nach diesen zwei Jahren bewarb mich wieder mit demselben Kollegen bei einer Wohnbaugesellschaft in München. Das war natürlich auch noch nicht die große weite Welt, aber für meine Begriffe kam ich wieder einen Schritt vorwärts, denn es klappte. Wir wurden als Akkordmaurer aufgenommen, und auch wenn ich sagen kann, dass ich mein ganzes Leben lang fleißig war – so viel wie damals habe ich danach nie wieder gearbeitet. Von 6 Uhr morgens bis 18 Uhr abends standen wir auf der Baustelle. Das war extrem intensiv.

Die Bayern waren schon immer gut organisiert und für damalige Verhältnisse wirklich einzigartig. Das Unternehmen, in dem ich arbeitete, war, und ist nach wie vor, ein Vorbild in Bezug auf Organisation, Fleiß und Logistik. Trotz dieses anstrengenden Jobs besuchte ich dort dann auch noch zwei Jahre lang eine Fachschule für Bautechnik, die ich als Maurermeister und Bautechniker abschloss.

Die Zeit in München war spannend, interessant, lehrreich und lukrativ. Es war mitten in der Hochkonjunktur, und 1972 fanden auch noch die Olympischen Sommerspiele statt. Da gab es viel zu arbeiten, aber auch viel zu erleben. Auf unseren Lohnzetteln fand sich das Dreifache der üblichen Gehälter. Später, als das Hoch vorbei war, verdienten wir dann aber wieder normal und beschlossen, das Abenteuer Bayern in absehbarer Zeit zu beenden. Vorerst blieben wir aber noch dort, denn auch jenseits der Arbeit ereigneten sich ganz wesentliche Dinge.

Kapitel 3

Ehe und Familiengründung

1972 war wirklich ein ganz außergewöhnliches Jahr. Im Osterurlaub, den ich wie gewohnt zu Hause verbrachte, sollte ich meine zukünftige Frau kennenlernen. Vom Sehen kannte ich sie schon – als das Mädchen, das mir bereits Jahre zuvor in der katholischen Jugend immer aufgefallen war, weil es mich einfach verzückte, aber wir waren nie näher in Kontakt gekommen. Der Ort unserer Begegnung an diesem Osterfest sollte Jahrzehnte später noch einmal eine ganz besondere Bedeutung bekommen, gemessen am Spruch »Was Gott zusammengeführt hat, soll der Mensch nicht trennen!«

Es war am Karsamstag und wie gewohnt fuhr ich mit meiner Familie zum Gottesdienst. Ich ging allein hinauf auf den Chorstand, auf die Männerseite, wie das damals eben noch so üblich war. Als der Getriebene, der ich damals war, konnte ich nicht widerstehen und schielte hinüber zu den Frauen. Da stand sie, DIE Frau, die einst das Mädchen aus der katholischen Jugend gewesen war. Sie gefiel mir noch immer sehr gut. Nein, sie gefiel mir noch viel besser. Immer und immer wieder wollte ich zu ihr hinüberschielen, und es war mir, als hörte ich im wahrsten Sinne des Wortes Engelschöre singen.

Vom Gottesdienst selbst habe ich nichts mitbekommen. Ich hatte nur noch Augen für sie. Mir war klar, dass ich sie irgendwie kennenlernen musste. Ich weiß nicht mehr so genau, ob ich dafür ein Stoßgebet gen Himmel sandte, aber erhört wurde mein Wunsch auf jeden Fall. Nach der Kirche sah ich sie allein vor der Tür stehen. Das war meine Chance, diesen Moment musste ich nutzen. Also ging ich zu ihr und fragte höflich, aber ohne lange Umschweife, ob ich sie in die Weinstube zu einem Gläschen Wein einladen dürfe. Es würden auch noch ein paar Freunde mitkommen, weil irgendwie sowieso jeder jeden kannte. Somit schien mir die Anbahnung unverfänglicher und nicht so plump.

Edeltraud willigte ein, und an diesem Abend hat es bei uns beiden gefunkt. Ich konnte meine Augen sowieso nicht von ihr lassen und mein Herz klopfte die ganze Zeit über wie wild. Ich wollte diese bezaubernde junge Frau wiedertreffen, und zwar so schnell wie möglich. Bereits am nächsten Tag folgte sie meiner Einladung in einen Gasthof in Leonfelden, und das war mit Sicherheit der beste Ostersonntag meines Lebens, denn an diesem Tag begann unsere Liebesgeschichte in Form einer unschuldigen Romanze.

Für mich ging es dann zurück nach München, und Traudi, wie ich meine Frau von Anfang an nannte, arbeitete damals in einem Hotel am Wallersee. So weit wohnten wir also gar nicht voneinander entfernt, und zunächst blieben wir durch unsere Herzen und viele Briefe verbunden. Doch schon bald besuchte ich Traudi an ihrem Arbeitsplatz. Gut ausgerüstet mit Ratschlägen eines befreundeten Pärchens, das mich begleitete, fuhr ich zu meiner Angebeteten. Es war unbeschreiblich schön sie wiederzusehen, und ich wusste: Das ist meine Frau! Auch meine Freunde waren von Traudi sofort begeistert, und einige Wochen danach trafen wir uns dann wieder in der alten Heimat. Wir gingen gemeinsam aus und dieses Mal nahm ich Traudi auf der Fahrt nach Bayern mit und brachte sie zurück in ihr Hotel am Wallersee.

Von diesem Wochenende an waren wir hochoffiziell ein Paar, und dennoch ließ Traudi mich noch fast ein Jahr zappeln, bis ich sie das erste Mal auch körperlich lieben durfte. Ihr großer Herzenswunsch war, unberührt in die Ehe zu gehen, aber so sehr ich sie auch liebte – soweit ich das Wort Liebe damals eben verstand – und ihr alle Wünsche von den Augen ablesen wollte, diesen konnte ich ihr einfach nicht erfüllen. Dazu war ich nicht stark genug. Es dauerte auch nicht lange, bis Traudi schwanger wurde und zu mir nach München zog, wo wir gemeinsam über ein Jahr verbrachten. Am 20. April 1974 gaben wir uns dann in der Stadtpfarrkirche in Freistadt das Ja-Wort. Ich weiß noch, wie aufgeregt ich war, dass ich dieses entzückende Mädchen von damals nun wirklich zur Frau nehmen durfte. Es war eine klassische Landhochzeit, mit viel Pomp und Trara. Die Musik spielte auf, viele Gäste waren gekommen und die Schaulustigen standen Spalier, es wurde getanzt, gesungen und gefeiert – ganz so, wie Hochzeiten am Land zur damaligen Zeit eben über die Bühne gingen.

Wenige Monate später, nämlich am 21. September 1974, komplettierte dann Tochter Claudia unser großes Glück. Zur Geburt fuhr Traudi nach Oberösterreich, ich hingegen blieb in München, weil es für Männer damals nicht Usus war, bei der Geburt dabei zu sein. Allzu lange wohnten wir als Jungfamilie aber nicht mehr in Bayern. Schon bald ging es zurück nach Österreich, wo ich in Linz bei der Baufirma Weissl als Bautechniker und Bauleiter eine neue Karriere begann.

Kapitel 4

Hausbau, Unternehmensgründung und Erfolgsgeschichte

Nach unserer Rückkehr aus München wohnten wir bei meinen Schwiegereltern in einer Ein-Zimmer-Wohnung in Lasberg. Dort baute ich dann auch unser eigenes »Ich bau mit«-Haus und ein zweites für meine Schwägerin. Ich fungierte als Vorarbeiter und die ganze Familie half mit. Der Bau ging rasch voran und die Häuser wurden richtig schön. Das bemerkten auch die Leute in der Umgebung, und es dauerte nicht lange, bis sich die ersten Hausbau-Interessenten für die Planung ihres Einfamilienhauses bei uns meldeten. So entstand die Vision eines eigenen Unternehmens, wofür ich in Wien eine zweijährige Ausbildung zum Baumeister mit entsprechender Prüfung absolvierte. Das war das Fundament für mein künftiges Unternehmen.

Zwischenzeitlich, nämlich 1978, kam auch unser zweites Kind zur Welt. Wir freuten uns über unseren Sohn Christian genauso wie vier Jahre zuvor über Claudia. Beide Kinder waren erwünscht und machen uns heute noch große Freude. Christian hat mittlerweile den Betrieb übernommen, den ich dann 1983 mit Traudi gründete. Firmensitz von »WimbergerHaus« war das Untergeschoß unseres Hauses. Wir waren ja nur zu dritt, weil wir mit lediglich einem Mitarbeiter, dafür aber gänzlich ohne Schulden, begonnen hatten.

Das war ein richtig großer Schritt für uns. Wir wagten es, unsere Träume zu verwirklichen. Ein Unternehmen von der Pike aufzubauen ist die spannendste Sache der Welt. Da darf es keinen Stillstand geben, das lässt der Verdrängungswettbewerb nicht zu. Entweder Wachstum oder Welken – dazwischen gibt es nichts. Wer am schnellsten auf die Veränderungen am Markt reagiert und am kundenfreundlichsten ist, gewinnt das Spiel. »Hilf möglichst vielen Menschen, das zu bekommen, was sie sich im tiefsten Herzen wünschen, dann werden auch deine Wünsche erfüllt werden.« Das war und ist meine Unternehmensphilosophie, bei der mich auch Traudi immer vollauf unterstützte. Sie stand von Anfang an tatkräftig an meiner Seite und übernahm die Aufgaben in Sekretariat und Buchhaltung.

Ich hatte ein erfolgreiches »Ich bau mit«-System entwickelt, bei dem unser Unternehmen ein bis zwei Mitarbeiter stellte und der Bauherr zwei bis drei Arbeiter. Dadurch konnten, und können nach wie vor, 25 % der Baukosten eingespart werden – diese Art des Bauens begeistert unsere Kunden bis zum heutigen Tag. Rasch war unserem kleinen Betrieb Wachstum beschieden, und ich hatte das große Glück, die besten Mitarbeiter der Umgebung nach unserer Philosophie ausbilden zu können.

Im Jahr der Firmengründung startete ich an der Pädagogischen Akademie in Linz außerdem eine Ausbildung zum Berufsschullehrer, weil ich die Berufung dazu verspürte. Unterrichtet hatte ich zu dem Zeitpunkt bereits drei Jahre lang an der Berufsschule Freistadt. Ein Jahr nach Abschluss der Ausbildung, also 1986, hörte ich aber auf zu unterrichten, weil ich mich ab diesem Zeitpunkt voll und ganz unserem Unternehmen widmen wollte. Zur damaligen Zeit wurde der Einfamilienhausbau von den Mitbewerbern sehr stiefmütterlich behandelt. Die meisten Betriebe konzentrierten sich auf den Objektbau. Mein Herz schlug aber für Einfamilienhäuser. Das war meine große Chance und beschied mir gute Geschäfte.

Jährlich wuchs der Betrieb um über 20 Prozent, und zwar über zehn oder fünfzehn Jahre hinweg. Ich hatte die berühmte gute Idee zur richtigen Zeit. Damals wurden Keller noch mit Betonschalungssteinen ausgeführt. Wir waren eine der Ersten, die die Keller mit der innovativen Aluminium-Leichtbau-Schalung einschalten und betonierten – und zwar an einem Tag. Innerhalb kürzester Zeit stellten wir täglich zehn bis dreizehn Keller her. So kamen auch viele Bauunternehmen auf uns zu, für die wir dann professionell, schnell und preisgünstig Fertigkeller errichteten. Binnen einiger Jahre waren wir Marktführer im Kellerbau und hatten bereits 50 Mitarbeiter. Meine Ziele waren aber höher. Ich wollte die Marktführerschaft im gesamten Einfamilienhausbau.

Um diesem Ziel näherkommen zu können, spezialisierten wir uns auf die Beratung, Planung und Ausführung von Ziegelmassiv-Einfamilienhäusern. Wir erstellten professionelle Werbeunterlagen und das Unternehmen wurde immer renommierter. In erster Linie erlebten wir unseren Erfolg durch die Weiterempfehlung unserer Kunden. Wir gestalteten sehr bald eine Mitarbeiterzeitung und in späterer Folge eine Kundenzeitung und einen Weihnachtskalender, und bis zum heutigen Tag haben wir die Kundenbeziehungen nicht abreißen lassen. Kunden zu Freunden machen, das war unser Motto und das war uns wichtig. Diese Philosophie trägt auch mein Sohn weiter. Und auch ich habe meinem Vater viel zu verdanken, dass unser Unternehmensaufbau so gut funktionierte. Er war ein tüchtiger Bauer und Sämann. Als ich ein Kind war, brachte er mir bei, dass der Mensch das erntet, was er sät. Ich durfte ihm beim Getreidesäen und beim Ernten zusehen. Darauf freute er sich immer besonders. Er zeigte mir, wie viele Körner in einer Getreideähre gewachsen waren. Davon sparte er immer genug für die nächste Aussaat im Frühling auf. Mein Vater lehrte mich, dass man bei den Samenkörnern nicht geizig sein durfte. Als Unternehmer wusste ich dann, dass man immer wieder investieren sollte, ganz besonders in das Marketing.

Abgesehen davon ist die Freude der Familien, wenn sie ihr schönes, neues Eigenheim beziehen, viel kostbarer als jede Investition. Wir wollten unsere Kunden nie einfach nur zufriedenstellen. Wir wollten sie durch die Erfüllung ihres Lebenstraums begeistern und glücklich machen. Ein hohes Ziel, und andererseits auch so einfach. Mir war immer bewusst, was es für Menschen bedeutet, wenn sie zum ersten Mal die Tür zu ihrem eigenen Haus aufschließen. Das ist ein ganz besonderer Moment. Ein Haus zu bauen ist so viel mehr als eine Dienstleistung. Vermutlich hat mein Herz auch immer genau dafür geschlagen. Ich konnte mich nie sattsehen an den glücklichen Gesichtern, wenn es wieder so weit war, dass eine Familie ihr soeben fertiggestelltes Traumhaus bezog.

Ein Haus hat man normalerweise fürs Leben. Es ist nichts schnell Vergängliches. Darum sollte es auch mit Liebe gebaut werden. Zusätzlich helfen bei unserem »Ich bau mit«-System die Menschen selbst beim Bau ihres Hauses mit. Sie sind somit an der Realisierung ihres Traums beteiligt. Ihr Haus entsteht nicht nur durch die Arbeitskraft Fremder, die man dafür bezahlt. Da steckt so viel mehr drin, und wohl auch deshalb sind durch unsere Arbeit nicht nur Häuser entstanden, sondern auch Beziehungen. Alternativ gibt es ein zweites System, bei dem unsere Kunden ihre Häuser schlüsselfertig überreicht bekommen, ohne eigene Arbeitsleistung. Unsere besondere Stärke ist, dass wir stets auf die individuellen Wünsche und Bedürfnisse jedes einzelnen Kunden eingehen.

Eine der wichtigsten Lektionen in meinem Leben war, dass gute Beziehungen zum einen essentiell für die beste Arbeitsleistung und zum anderen das Wichtigste für jeden Menschen sind. In der letzten Psychologiestunde an der Berufspädagogischen Akademie in Linz sagte Professor Dr. Walter Rieder zu uns Studierenden: »Wenn ihr euch von diesen zwei Jahren einen Satz merkt, dann bin ich vollauf zufrieden mit euch.« Dieser Satz hieß: »Ich mag meine Schüler!« Bereits als Berufschullehrer versuchte ich, die Liebe zu den Schülern zu leben, und ich habe diese Erkenntnis auch ins Bauunternehmen mitgenommen. Dort habe ich diese Weisheit im Umgang mit den Mitarbeitern angewendet.

Ich wusste: Wenn unsere Mitarbeiter spürten, dass sie wertgeschätzt wurden, dann spürten das auch unsere Kunden. Neben der Liebe zu den Menschen, die für mich und mein Unternehmen arbeiteten, legte ich auch immer großen Wert auf deren optimale Schulung und Ausbildung. Jedes Jahr gab es Aufstiegsmöglichkeiten für die besten Mitarbeiter. Sie konnten den Sprung von der Baustelle ins Büro machen. Das wollten nicht alle, weil viele ihren Beruf draußen liebten. Jene, die sich für einen Wechsel entschieden, absolvierten ihre Fortbildungsmaßnahmen in den Wintermonaten.

Tüchtigkeit und Fleiß allein waren mir nicht genug. Der Service war und ist das A und O. Bis heute leben wir noch bis zu 85 % von der Weiterempfehlung unserer Kunden. Das sollte auch den Mitarbeitern bewusst sein, und darum legen wir höchsten Wert darauf, dass auch sie mit den Kunden gut und freundlich umgehen. Das habe ich so eingeführt, und das ist heute noch so. Es war mir immer wichtig, weil dadurch das Unternehmen mit kundenfreundlichen Mitarbeitern immer attraktiver und anziehender wurde. Ich bin Gott sehr dankbar für all die wunderbaren Menschen, die nach wie vor in unserem Unternehmen arbeiten.

Wie gute Beziehungen zu Mitarbeitern, Kunden und Partnern funktionieren, das hatte ich sehr schnell verstanden und immer für extrem wichtig erachtet. Weniger gut gelang mir das leider mit meiner Ehefrau und meinen Kindern. Ich kann mir heute nicht erklären, warum das so war, denn auch meine geschäftlichen Beziehungen lebte ich aus dem Herz heraus und nicht bloß aus Kalkül für das Unternehmen. Und selbst wenn ich wirklich sagen kann, dass ich meine Frau und meine Kinder immer über alles liebte, so hatte ich dennoch keine funktionierenden Beziehungen zu ihnen aufbauen können. Erst sehr spät – und ich möchte Gott wirklich danken, dass es nicht *zu* spät war –, habe ich gelernt, auch ihnen auf Herzensebene zu begegnen. Dafür brauchte ich die lebendige Beziehung mit Jesus Christus, aber die erfuhr ich erst viele Jahre nach meinem Beginn als Unternehmer.

Kapitel 5

Auf dem besten Weg, mein Leben zu zerstören

Vorerst lebte ich ein Leben frei nach dem Motto »Der Schein trügt«, denn innen war vieles ganz anders als von außen betrachtet. In der Vorbereitung für die Baumeisterprüfung wurde mir klar, dass man an der Stärke des Fundaments bereits die zukünftige Höhe eines Gebäudes erkennen kann. Das größte und teuerste Gebäude hat keinen Wert, wenn es nicht auf ein tragfähiges Fundament gebaut ist, weil es dann keine Stabilität hat und über kurz oder lang zusammenbrechen wird. Ein tragfähiges Fundament ist auch für einen Menschen wichtig und umso mehr für einen Unternehmer. Darunter verstehe ich den bewussten Glauben an Jesus Christus. Leider hatte ich weder meine Eheschließung noch meine Unternehmensgründung auf ein solches, starkes Fundament gebaut.

Von außen betrachtet war alles wunderbar. Wir waren mit dem Betrieb bereits vom ersten Jahr an erfolgreich, wir waren ein sehr glückliches Paar, gesegnet mit lieben und gesunden Kindern, und es mangelte uns an nichts. Unser Haus war schuldenfrei und wir konnten uns schöne Urlaube leisten. Damit waren also die besten Voraussetzungen für eine glückliche Familie und ein ebensolches Leben gegeben. Aber wie heißt es so schön: Wenn es dem Esel zu wohl ist, geht er aufs Eis. Und genau das tat ich.

Die Menschen in der Umgebung und in unserem Ort bewunderten uns als glückliche Vorzeige- und Jungunternehmer-Familie. Nach rund zwei Jahren, also 1985, hatte ich bereits einiges auf ein Sparbuch gelegt, das ich im Tresor meiner Hausbank deponierte. Dieser Betrag diente vor allem dazu, mein kleines und kaum vorhandenes Selbstwertgefühl aufzupolieren. Man kann auch sagen, aufzuwerten, allerdings mit den falschen Werten. Andere kannte ich damals jedoch nicht. Zusätzlich bestätigte das Geld den Leitspruch meiner Eltern:»Leiste was, dann bist du was!« Und genau das war der Haken. Daraus bezog ich nämlich meinen Selbstwert. Ich musste mich immer über Leistung definieren – also über etwas, das von außen kam. Heute kann ich dieses Manko erkennen, aber damals war mir das überhaupt nicht bewusst. Darum dauerte es nicht lange, bis ich zum Workaholic wurde. Morgens war ich der Erste im Unternehmen und abends der Letzte. Ich stand jeden Tag um 5:30 Uhr auf und arbeitete oft bis Mitternacht und auch darüber hinaus. Auch an den Wochenenden gönnte ich mir kaum Erholungsphasen. Wenn wir zu Hause Besuch hatten, wurde ich spätestens um 16 Uhr unruhig und ungeduldig, weil es mich schon wieder ins Büro zog. In dieser Zeit musste meine Gesundheit viel aushalten. Entspannung gönnte ich meinem Körper nicht. Ich war ein Getriebener und stand ständig unter Strom. Den selbst auferlegten Leistungsdruck versuchte ich mit Alkohol und Fremdgehen auszugleichen. Irgendwie möchte sich der Mensch ja betäuben und belohnen – so sah ich das damals jedenfalls.

Zudem fiel mir nicht einmal auf, dass ich meinen Kindern viel zu wenig Aufmerksamkeit schenkte. Ich war mir dessen einfach nicht bewusst. Noch heute zerreißt es mir das Herz, wenn ich daran denke, wie selten ich sie ins Bett gebracht oder ihnen einen Gute-Nacht-Kuss gegeben habe. Ich machte die gleichen Fehler wie meine Eltern. Es war ganz ähnlich wie damals, als ich Kind war. Ich hatte nie gelernt, wie man Liebe zeigt, weil ich sie selbst kaum bekommen hatte. Demzufolge war ich auch nicht fähig, meinen Kindern gegenüber Liebe zum Ausdruck zu bringen.

Meine Frau lebte in der Annahme, dass ich nur in der Startphase so viel arbeiten müsste und wollte – das war ein Trugschluss, denn schon bald sah unser gesamter Alltag so aus, der in gewisser Weise zur selbst gewählten Versklavung wurde. Auch für Traudi, denn sie arbeitete nicht nur im Betrieb mit, sondern kümmerte sich zusätzlich um die Kinder, den Haushalt und den Garten. Dass sie außerdem jeden Tag frisch kochte, war eine Selbstverständlichkeit.

Ich habe mich nie gefragt, wie sie das alles auf die Reihe bekam, noch dazu mit einem Mann an ihrer Seite, von dem auf mentaler Ebene so gar keine Unterstützung kam. Viel zu sehr war ich mit meiner Arbeit beschäftigt und damit, wie ich mich dafür belohnen konnte. Mit meinem Mercedes S-Klasse, in dessen Handschuhfach immer ein Stoß 1000-Schilling-Scheine lag, steuerte ich relativ zielsicher den mehr oder weniger vorprogrammierten Untergang an.

Kapitel 6

Verehrung falscher Götter wie Geld, Macht, Sex und Humanismus

Zunächst war es der Alkohol, der mir stets willkommen war. Ob nach der Arbeit, bei Gleichen-Feiern (Richtfesten) oder am Wochenende: Ein paar Achtelliter Wein und Gläser Bier durften es schon sein. Die Belohnung war also eher eine Betäubung. Ich war zwar kein Exzess-Trinker, aber ich trank regelmäßig und nicht zu wenig. Dadurch konnte sich mein Körper in den wenigen Stunden Schlaf, die ich ihm gönnte, noch weniger entspannen. Die Tage danach muss ich hier nicht näher beschreiben, aber an denen zollte ich diesem Lebenswandel Tribut.

Als wäre das noch nicht genug gewesen, bürdete ich mir mit dem Fremdgehen ein weiteres Laster auf. Es begann ziemlich früh. Bereits einige Jahre nach unserer Hochzeit, als die Kinder noch klein waren, betrog ich meine Frau zum ersten Mal. Und das, obwohl Traudi auch damals die Liebe meines Lebens war. Trotzdem folgte ich den Spuren meines Großvaters und meines Vaters. Das Muster, das ich von zu Hause kannte, sollte auch mein Leben bestimmen. Viel Arbeit, Alkohol und andere Frauen … Ich wollte das alles gar nicht, und dennoch tat ich es. Der Kampf gegen die Gene schien aussichtslos, wobei ich zugegebenermaßen auch nicht sonderlich viel Einsatz zeigte, dagegen überhaupt anzukämpfen. Ich ergab mich und ließ den Dingen ihren Lauf.

Es war wie ein Jagdtrieb. Wie ein Jäger, der auf die Pirsch geht und unbedingt ein Wild erlegen möchte, so musste ich Frauen erobern. Mein Revier waren unter anderem Bars und Nachtclubs. Dass meine Frau das nicht wusste, glaubte nur ich. Jahre später, als wir offen und ehrlich über diese Zeit sprechen konnten, gestand sie mir, dass sie mein Doppelleben sehr wohl mitbekommen, aber nichts gesagt hatte – auch aus dem Grund, weil sie es nicht wahrhaben wollte.

Doch darüber machte ich mir nicht allzu viele Gedanken, als ich eines Tages nach einer Feier in Linz übernachtete und meine Frau zum ersten Mal betrog. Insgeheim war mir damals schon bewusst, dass ich meinem Herzen und meinem Körper etwas Schlimmes antat. Meine Gefühle waren zunächst gemischter Natur, aber schon nach einigen Wochen oder Monaten – so genau weiß ich das nicht mehr –, suchte ich wieder nach diesem Kick. Nach und nach verstummte mein Gewissen immer mehr. Ich war in einer Abhängigkeit gefangen und so wurde dieser verlogene Lebenswandel allmählich zur Normalität.

Schlau wie ich war, konnte ich das natürlich vor mir selbst rechtfertigen. Ich redete mir ein, dass mir eine einzelne Frau nicht geben konnte, was ich brauchte. In dieser Denkweise wurde ich später auch noch von Psychologen bestätigt. Allzu sehr schönreden musste ich mir mein Benehmen aber ohnehin nicht, weil mein Herz narzisstisch ausgerichtet war. Ich nahm mir, was ich wollte – weil ich konnte! Was für eine Einstellung … Mit einer derartigen Herzenshaltung ist es natürlich völlig unmöglich, auch nur im Ansatz glücklich zu werden. Und dementsprechend ging es mir auch. Die Auswirkungen dieses unehrlichen Lebens waren für meine Gesundheit und für meine Ehe fatal.

All das sah ich zum damaligen Zeitpunkt aber nicht. Ich glaubte sogar, Humanist zu sein. Ich spendete immer viel, um mein Gewissen zu beruhigen und um als gut dazustehen. Meine Frau überhäufte ich mit Geschenken. Ich kaufte ihr in München Pelze, ein neues Auto und sogar einen Bauernhof. Ich war so selbstgerecht und glaubte wirklich, mich damit freikaufen zu können. Meine Selbstwahrnehmung bewegte sich weit weg von jeglicher Realität. Doch das falsche Bild, das ich von mir selbst hatte, wollte ich auch in der Öffentlichkeit zeichnen. Darum war ich immer ein großzügiger Geber. Ich gab, um mein Gewissen zu beruhigen, und nicht, weil mein Herz so gut war. Mein damaliges Leben war eine einzige Verblendung.

Grundsätzlich gibt es zwei Führungsstile: einen partnerschaftlichen und einen patriarchalischen. Früher habe ich mich mit letzterem am wohlsten gefühlt. Alle hatten nach meiner Pfeife zu tanzen. So wollte ich das, das kannte ich, das war mir vertraut. Seit ich denken konnte, war mein Umfeld autoritär. Meine Eltern hatten mich so erzogen und meine Chefs waren später auch nicht anders. Hinzu kam natürlich mein ausgeprägtes Ego, das dabei ebenfalls eine große Rolle spielte. Es nährte sich schließlich von Erfolg und Geld. Mein Selbstwertgefühl hatte rein gar nichts mit inneren Werten oder Standfestigkeit zu tun. Es kam alles von außen.

Diesem, also meinem, System mussten sich alle fügen, angefangen von meiner Frau bis zu meinen Mitarbeitern, zu denen mittlerweile schon über hundert zählten. Es gab keine zweite Führungsebene. Mein Wort war Gesetz und eine andere Meinung duldete ich sowieso nicht. Da gab es nichts zu diskutieren. Leider, denn für meine Selbstherrlichkeit und für mein aufgeblasenes Ego sollte ich schon bald einen hohen Preis zahlen.

Auf einem Unternehmertreffen, das in der Region einmal im Jahr stattfand, sagte ein Mitbewerber zu mir: »Franz, du kannst ja nur Einfamilienhäuser bauen und keine großen Objekte!« Es war so, wie wenn sich Kinder mit dem berühmten Motivationssatz »Du traust dich eh nicht!« hänseln. Meist funktioniert das, und das angestachelte Kind tut, was sich das weniger nette Kind ausgedacht hat. Der Stolz gedeiht ja bereits in jungen Jahren und bei mir hatte er viel Zeit, kräftig auszutreiben.

Diesen Satz ließ ich, Franz Wimberger, mir nicht zweimal sagen. Schon bald nach diesem Treffen kaufte ich ein weiteres Unternehmen mit fünfzehn Mitarbeitern. Das ergab sich, weil der Vorbesitzer in Pension ging und der Betrieb zum Verkauf stand. Das Schicksal spielte mir also auch noch einen Ball zu, damit ich allen beweisen konnte, wie großartig ich war. Aus lauter Stolz und Selbstüberschätzung verließ ich meinen erfolgreichen Weg und stieg in den Objektbau ein. Das muss man sich einmal vorstellen – EIN Satz, ein einziger, billiger Anmachspruch, denn mehr war es nicht, reichte aus, um mich fast ins Verderben zu treiben, denn dahin hätte dieser »Ausflug« fast geführt. Ich hätte auch antworten können: »Ja, ich kann nur Einfamilienhäuser bauen, aber das ziemlich erfolgreich!« Das wäre eine Möglichkeit gewesen, aber nein, ich musste es allen beweisen, allen voran mir selbst. Mein Selbstwert war wieder einmal hungrig, und ich fütterte ihn nur allzu gerne.

Von da an wurde es ziemlich turbulent. Meine Bauleiter und Mitarbeiter schickte ich hin und her. Die Ergebnisse waren alles andere als gut. Man kann sich nicht auf mehrere Disziplinen spezialisieren. Ich hatte meine klare strategische Ausrichtung verlassen und verirrte mich binnen kürzester Zeit. Vielleicht hätte mich jemand davor gewarnt, wenn ich um Rat gefragt hätte, aber selbst dazu kam ich mir zu gut vor. Ich zog das alles einfach durch, ohne es mit jemandem zu besprechen. Ich entschied im Alleingang, und das hätte später beinahe das gesamte Unternehmen in den Konkurs getrieben.

Der Kauf der Firma an sich wäre ein Glücksgriff gewesen. Der Fehler bestand jedoch darin, dass ich meine Linie, meine erfolgreiche Strategie verließ. Wie sagt man doch so schön: Selbstsucht, Ego und Stolz sind aus demselben Holz! Die Wurzel ist der Stolz, der Stamm ist die Selbstsucht und das Ego sind die Äste, die bei mir so gerne in den Himmel gewachsen wären. Welche Früchte auf diesem Baum gedeihen, kann sich wohl jeder lebhaft vorstellen. Die Wurzeln sollten hingegen Demut sein, der Stamm Selbstlosigkeit und die Äste Liebe. Solche Bäume wollen aber die wenigsten Menschen sein.

Heute weiß ich so vieles besser, aber damals verehrte ich diese vier falschen Götter – Geld, Macht, Sex und Humanismus – von ganzem Herzen und mit leidenschaftlicher Hingabe. Ganz nebenbei ging ich natürlich nach wie vor aus Tradition und Gewohnheit in die katholische Kirche. Dass ich dort viele der »ehrenhaften« Herren wieder traf, die ich aus den Bars und Nachtclubs kannte, bestätigte mich in meinem Denken und Tun. Ich war von falschen Begierden verblendet und konnte die Wahrheit nicht sehen. Ich weiß nicht, wie oft ich auch in jener Zeit das Glaubensbekenntnis heruntergeleiert habe – ganz ohne Sinn oder Bedeutung, weil ich damals noch keine lebendige Beziehung mit Jesus Christus hatte.

Kapitel 7

Ehezerrüttung und schwere Krankheiten

Es war ein liederliches Leben, das ich damals führte, und es dauerte nicht lange, bis sich die Auswirkungen zeigten. Der Stress, die Anspannung, der Alkohol, die Frauen – all die seelischen Verletzungen machten sich zunächst auf körperlicher Ebene bemerkbar. Es begann mit Magenschmerzen, dann kamen Rückenschmerzen dazu, die im Laufe der Zeit chronisch wurden. Der Arzt wusste nur mit Kortison-Spritzen zu helfen. Die wirkten anfänglich auch Wunder und verbannten den Schmerz für mehrere Wochen.

Anstatt in dieser Zeit umzudenken und mir über die Ursache der Symptome Gedanken zu machen, nutzte ich die schmerzfreien Phasen, um wieder meinem zerstörerischen Lebenswandel zu frönen. Die Intervalle dieser wundervollen Zustände wurden jedoch zunehmend kürzer. Ich brauchte immer mehr Spritzen zur Schmerzbetäubung. Im Zuge dessen wurde dann Morbus Bechterew diagnostiziert, eine Erkrankung, die aus medizinischer Sicht in ganz Europa als unheilbar gilt. Jedes Jahr im Winter fuhr ich nach Bad Gastein in den Radonstollen, der primär Menschen mit Wirbelsäulenproblemen ein Begriff ist.

Zu jener Zeit wusste meine Frau auch schon über meinen geheimen Lebenswandel Bescheid. Ständig gab es deswegen Diskussionen, in denen ich immer wieder Besserung gelobte. Ich versprach ihr, damit aufzuhören, was ich aber nie tat. Nur wenige

Tage nach so einem Streit kehrte ich ins alte Fahrwasser zurück und paddelte schon wieder zur nächsten Liebschaft. Ich konnte nicht aus meinen Fehlern lernen und mich selbst nicht aus diesem Strudel befreien. Immer wieder zog es mich nach unten. Als nächstes Symptom trat eine Augenentzündung auf. Abwechselnd auf dem linken oder rechten Auge konnte ich über mehrere Wochen kaum sehen. Ich bekam Einspritzungen zur Pupillenerweiterung, damit sich die Augen durch die Entzündung nicht verkleben konnten. Dazu wurde ebenfalls Kortison verwendet. Auch der Tinnitus und die Depressionen, die mein vorläufiges Krankheitsbild komplettierten, konnten mich nicht von meinem Lebenswandel abbringen. Wie ein kraftloses Wrack schleppte ich mich durch die Gegend, doch für außereheligen Sex reichte meine Energie immer noch.

Ich kam damals noch nicht einmal auf die Idee, dass das alles irgendwie zusammenhängen könnte. Später, als ich eine Ahnung davon bekam, besuchte ich viele psychologische und esoterische Seminare. Dort wurden mein Verhalten und meine Einstellung aber sogar noch bestätigt. Ich erinnere mich an den Satz:»Sei dir selbst treu und werde der, der du sein willst!«

Für mich war das eine Art Freibrief. Mir selbst treu bleiben bedeutete, auch weiterhin das zu tun, was ich wollte. Ich wollte noch mehr der sein, der ich war: ein notorischer Fremdgeher, der dem Alkohol zusprach, ein Egoist, ein Narzisst. Es war so schön, dass mich endlich jemand verstand. In diesen Seminaren fühlte ich mich wirklich gut aufgehoben. Ab dann, das war im Jahr 1992, wollte ich nicht nur noch mehr Freiheiten – ich wollte richtig frei sein, um nur noch das machen zu können, wonach mir der Sinn stand. Für mich war völlig ohne Zweifel klar, dass ich auf dem richtigen Weg war.

Diese »großartigen Neuigkeiten« musste ich natürlich auch meiner Frau mitteilen, und das tat ich in einem Weihnachtsurlaub auf Bali, den wir zusammen mit unseren Kindern verbrachten. In dieser romantischen Umgebung, unter Palmen sozusagen, verkündete ich meiner Traudi, dass ich ausziehen würde. Damals war sie bereits so zermürbt, dass das ganz ohne Drama ablief. Wir konnten ruhig über alles reden, über all das Leid und die Schmerzen, die wir uns in so vielen Auseinandersetzungen gegenseitig zugefügt hatten. Trotz allem hoffte Traudi im Urlaub noch auf eine Wende, aber ich blieb stur. Kaum zu Hause angekommen, packte ich meine Koffer und zog in eine Linzer Terrassenwohnung. Die hatte ein Bekannter zu einem stolzen Preis angeboten, und darum war sie nicht leicht zu vermieten. Ich wusste also, dass ich dort jederzeit einziehen konnte, und das tat ich dann auch.

Unser Bauernhof war schuldenfrei und neu eingerichtet, also konnte ich reinen Gewissens gehen. Materielle Angelegenheiten hatten für mich damals schließlich oberste Priorität. Finanziell war meine Familie gut abgesichert, das war mir wichtig. Diesbezüglich war ich sehr großzügig. Wie es Traudi und den Kindern seelisch ging, spielte in meinen Überlegungen keine große Rolle. Ich bestand darauf, dass sich meine Frau eine andere Arbeit suchte. Nach wie vor hatte sie aber Zugriff auf alle Konten. Traudi hätte Millionen abheben können, doch sie missbrauchte mein Vertrauen nie. Ansonsten schufen wir klare Verhältnisse und informierten auch die Mitarbeiter über unsere Trennung.

Viel schwieriger gestaltete sich das bei unseren Kindern, die unter unserer Trennung sehr litten. Das zeigte sich auch prompt an ihren schulischen Leistungen. Doch ich war viel zu egoistisch, um darauf Rücksicht zu nehmen. Das kam mir gar nicht in den Sinn. Für mich war alles gut. In meinem neuen Heim in Linz-Urfahr fühlte ich mich zunächst pudelwohl. Ich war getrennt und ein freier Mann, konnte tun und lassen, was ich wollte. Ich hatte zwar eine Freundin, aber da sie auch verheiratet war und ein Kind hatte, führten wir ein eher loses Verhältnis, was mir sehr angenehm schien.

Ich hatte es mir richtig schön gemacht und pickte mir von überall die Rosinen heraus. Einerseits führte ich dieses Single-Dasein, andererseits fuhr ich zu Mittag nach Hause, um mit der Familie zu essen. Traudi und ich pflegten einen respektvollen Umgang, und trotz der Trennung hatte ich nie aufgehört sie zu lieben. Auch das körperliche Begehren war noch da. Dennoch bestand ich darauf, allein zu leben. Heute kann ich mir das alles nicht erklären, aber es hatte wohl auch mit einem Mangel an emotionalen Berührungen zu tun.

Hinter jedem Konflikt steckt ein unerfülltes Bedürfnis. Eine große Rolle spielte in meinem Fall aber meine Unbewusstheit. Meine Sehnsucht nach der totalen Freiheit entstand aus einer Summe von vielen Dingen. Und dass ich diese Freiheit so angenehm mit den Besuchen bei meiner Frau und der Familie kombinieren konnte, gefiel mir eine Zeit lang extrem gut. Aber eben nur eine Zeit lang.

Kapitel 8

Die drei wichtigsten Entscheidungen in meinem Leben

D as ganze Abenteuer »Single-Dasein« dauerte sechs Monate. Dann bekam ich eine Einladung von christlichen Geschäftsleuten, die für Unternehmer und Führungskräfte aus Österreich, Deutschland und der Schweiz ein Treffen in Schloss Pichlarn organisierten. Eingenommen wie ich von mir war, dachte ich, dass dieses Wochenende wohl eher Traudi gut tun könnte. Dass ich selbst noch viel zu lernen hatte, auf die Idee wäre ich nicht gekommen. Außerdem hatte ich für Freitag und Samstag bereits für ein Baumeister-Seminar zugesagt. Also bat ich Traudi ins Schloss Pichlarn zu fahren, sagte ihr aber, dass ich im Laufe des Wochenendes vielleicht nachkommen würde. Eigentlich sagte ich das zunächst nur so, weil ich dort ja gar nicht hin wollte.

Traudi kam meinem Wunsch nach und fuhr allein in die Steiermark. Sie war dort die einzige Frau unter lauter Männern. Am Samstagabend erzählte sie in einer kleinen Gruppe, mit wem sie verheiratet war und mit welchen seelischen Schwierigkeiten sie zu kämpfen hatte. Danach sagte man zu ihr: »Wenn du dem Franz nicht alles vergibst, was er dir in den letzten 18 Jahren angetan hat, dann ist das so, als würdest du jeden Tag giftiges Wasser trinken. Es wird dich mit Sicherheit im Laufe der Zeit krank machen.«

Natürlich hatte Traudi auch davor schon von Vergebung gehört, aber so eindringlich hatte sie noch niemand damit konfrontiert. Die Worte gaben ihr nicht nur zu denken, Traudi entschloss sich auch gleich, also noch am selben Abend, Vergebung für mich auszusprechen. Zu der Zeit war ich bereits angereist, weil es mich wie durch ein Wunder nach Pichlarn zog, obwohl ich mich dagegen zu wehren versuchte.

Darum saß ich an jenem Abend auch ganz in der Nähe des Schlosses in einem Restaurant und flirtete mit einer ungarischen Kellnerin. Ich war fest entschlossen, sie am Sonntag wieder zu besuchen und glaubte, darin den Grund gefunden zu haben, warum es mich so hierher drängte. Wie lächerlich das war, sollte sich ganz bald herausstellen. Vorerst aber fuhr ich zum Schloss und war bester Laune, weil ich wieder so eine fesche Frau kennengelernt hatte. Ich freute mich auf den kommenden Tag und ging sofort ins Bett.

Am Sonntag in der Früh stieß ich beim Frühstück zur Gruppe. Der Sprecher war ein christlicher Unternehmer. Er erzählte uns, dass seine Frau Unterleibskrebs gehabt hatte. Die Ärzte hatten ihr nur noch sechs Monate zu leben gegeben und die Ehe lag zu der Zeit auch in Scherben, obwohl das Paar sieben Kinder hatte. Die beiden gaben aber nicht auf und trafen eine wichtige Entscheidung, die ihr ganzes Leben veränderte.

Der Mann erzählte das mit einer solchen Freude und strahlte dabei so viel Glück aus, dass mich das sehr berührte. Er berichtete weiter, wie der Glaube an Jesus Christus das Leben seiner Familie verändert hatte. Aber als er sagte, Jesus Christus sei der einzig wahre Gott, war die Glückseligkeit dahin, die ich zuvor noch beim Zuhören empfunden hatte. Plötzlich wurde ich aggressiv und fragte laut in die Runde: »Und was ist mit den anderen fünf Milliarden Menschen, die auf der Erde leben, wenn nur zwei Milliarden an Jesus Christus glauben? Was ist mit den anderen, wenn nur Jesus der einzig wahre Gott ist?!« Ich war wirklich wütend, aber der Mann antwortete ganz ruhig und sagte: »Franz, das ist unsere Aufgabe, dass auch der Rest die Wahrheit erfährt«, und dann erzählte er einfach weiter. Er ließ sich von meiner verbalen Attacke nicht aus der Ruhe bringen.

Später meldete ich mich dann noch einmal zu Wort, weil es mir ein Bedürfnis war, über meine Eltern zu sprechen. Ich erzählte, dass sie ihr Leben lang jeden Sonntag in die Kirche gegangen seien, ich aber nicht sehen könne, was ihnen das gebracht haben solle. Vielmehr hätte ich den Eindruck, dass sie das aus Tradition und Gewohnheit machten, es aber nichts bewirkte. Ich ließ die versammelte Gruppe auch wissen, dass das bei mir nicht anders war. Ich erzählte, dass auch ich bis zu diesem Zeitpunkt regelmäßig in die katholische Kirche gegangen sei, zu Jesus aber nichts sagen könne, weil ich ihn nicht kannte. Der Mann ließ sich aber auf keine Diskussion mit mir ein. Meine Worte blieben im Raum stehen und er redete weiter. Am Ende seiner Ansprache sagte er: »Wenn jemand Probleme in der Ehe, mit der Gesundheit oder den Finanzen hat, dann kann derjenige herauskommen und ich bete für ihn.«

Es war das größte Wunder unseres Lebens, ich erhob mich und eilte nach vorne. Traudi tat das Gleiche und ging von der anderen Seite nach vorne. Da standen wir also wieder, wie damals vor dem Traualtar. Wie selbstverständlich trafen wir die drei wichtigsten Entscheidungen unseres Lebens. Der Mann fragte uns, ob wir Jesus Christus als unseren Erlöser in unserem Herzen aufnehmen wollten. Traudi und ich sahen uns in die Augen und es war, als würde ein Schleier von mir abfallen. Ich sah eine wunderschöne Frau – meine Frau! Der Mann sprach die Worte: »Herr Jesus Christus, ich glaube, dass du der Sohn Gottes bist, und ich glaube, dass du mich erlöst hast von aller Schuld und Sünde. Ich bitte dich, komm jetzt du in mein Herz und sei ab jetzt du der Herr in meinem Leben. Fülle mich mit dem Heiligen Geist. Ich danke dir dafür!« Wir beide sprachen das Gebet nach und sagten Ja zu Jesus Christus.

Dann fragte er uns, ob wir uns gegenseitig all die Verletzungen aus den vergangenen Jahren vergeben wollten. Traudi hatte das ja bereits am Vorabend getan. Ihr Herz war schon verändert, und sie konnte diese Vergebung auch in meiner Gegenwart wiederholen. Somit fiel es mir nicht schwer, Traudi ebenfalls ihre Fehler und Verletzungen der vergangenen 18 Jahre zu vergeben.

Für die dritte Entscheidung wurden wir gefragt, ob wir im Glauben göttliche Heilung annehmen wollten. Obwohl ich mir das schwer vorstellen konnte, entschied ich mich einfach und sagte trotz meiner Zweifel Ja. Danach legte er uns die Hände auf und betete für unsere Heilung.

Als wir aus diesem Raum gingen, konnte ich noch gar nicht begreifen, was da passiert war. Zuerst hatte ich gar nicht zu der Veranstaltung fahren wollen, dann war ich überzeugt gewesen, dass die hübsche Kellnerin der Grund für meinen Aufenthalt war, und zu guter Letzt hatte ich mich auch noch über die Worte des Mannes geärgert und mich aggressiv aufgelehnt. Trotz allem hatte ich diese drei wichtigen Entscheidungen im Glauben getroffen und war nun dabei, mich mit meiner Frau zu einem Gespräch zurückzuziehen. Mit dem Kopf war und ist das alles schwer zu begreifen und mit Worten kaum zu erklären. Wir lebten damals ja getrennt, und dennoch hatten wir diese drei wesentlichen Entscheidungen zur gleichen Zeit getroffen, und sie sollten uns wieder vereinen.

Traudi und ich setzten uns in der Hotelhalle in die nächstbeste Ecke, weil wir noch gar nicht so recht wussten, wie uns geschah. Wir realisierten noch gar nicht, was da in der letzten Stunde mit uns passiert war, aber wir konnten gut miteinander reden, und das war schon sehr viel. Damit hat Gott das fünfte Wunder getan. Ich hatte das Gefühl, dass eine Last von Schuldgefühlen von mir gewichen war. Es dauerte nicht lange, bis wir eine weitere Entscheidung trafen.

Wir wollten uns nicht nur vergeben, sondern uns auch versöhnen. Wir wollten uns noch eine einzige Chance für einen gemeinsamen Lebensweg geben. Ganz bewusst sprachen wir aus, dass es wirklich aus und vorbei sei, wenn es noch einmal einen Rückfall in ein altes Muster geben sollte. Es war unsere letzte Chance, aber die wollten wir nutzen, um doch noch zusammen durch dieses Leben gehen zu können. Diese Vorstellung machte uns beide so glücklich, dass wir uns umarmten und weinten.

Vergebung und Versöhnung öffneten den Weg für Tränen der Erleichterung.

Die Gnade Gottes ist die Macht zu unserer Veränderung, in all unseren Lebensbereichen. Wir müssen uns nur entscheiden, den ersten Schritt tun und daran glauben.

Rückblickend erlebten wir die spontane Veränderung, die durch diese Entscheidung wirksam wurde, als mehrere Wunder.

In getrennten Autos fuhren wir in Richtung Oberösterreich. Wir trafen uns dann aber zu Hause, um den Kindern von unserer Versöhnung zu berichten. Die hüpften natürlich vor lauter Freude darüber, dass der Papa bald wieder einziehen und die Familie vereint sein würde. Es den Mitarbeitern zu sagen, stellte mich vor eine größere Herausforderung. Ich weiß noch, wie ich mit dem Auto zur Firma fuhr und mich Ängste plagten, meine Mitarbeiter könnten mich für einen Idioten halten.

Auch viele weitere gedankliche Anfeindungen gingen mir durch den Kopf: Was, wenn die Entscheidung falsch war? Was, wenn ich nicht stark genug sein würde? Aber ich konzentrierte mich ganz auf mein Herz und hielt an meiner Entscheidung fest. In der Kaffeepause verkündete ich meinen Entschluss dann auch im Betrieb. Es tat unbeschreiblich gut, denn niemand hielt mich für einen Idioten. Vielleicht hatten meine Mitarbeiter das getan, als ich meine Familie verlassen hatte ... Nun aber freuten sich alle mit mir, denn Traudi war viel mehr als nur eine Chefin. Sie war die Mutter des Unternehmens. Dementsprechend groß war der Jubel, dass sie wieder zurückkehren würde.

Das bestärkte mich noch mehr in meiner Absicht, nicht mehr in alte Muster zurückzufallen. Ich war davon überzeugt, die richtigen Entscheidungen getroffen zu haben. Darum gab ich auch sofort meine Wohnung auf und räumte sie. Ab jenem Tag lebte ich wieder bei meiner Familie.

Kapitel 9

Verwirrspiel im Kopf

Das Wochenende auf Schloss Pichlarn war für Traudi und mich prägend. Durch das Wort Gottes begannen wir, unser Denken zu verändern. Ganz so einfach, wie sich das liest, war das aber natürlich nicht. Es gibt schließlich keinen Schalter, den man umlegt, damit sich das Denken verändern kann. Wenn man kein hohes Bewusstsein hat – und das haben die wenigsten –, kommen Gedanken einfach so daher. Das war natürlich auch bei mir so. Selbst als ich bereits wusste, wie gefährlich Gedanken sein können, weil sie die Grundlage für unsere Taten bilden, konnte ich sie nur schlecht kontrollieren.

Diese Gedanken hatten ein Eigenleben, das mir gar nicht gefiel. Sie tauchten immer dann auf, wenn mir Traudi meiner Meinung nach lieblos begegnete. Sie war mit Kindern, Arbeit, Haushalt und Garten auch entsprechend gefordert. Hinzu kommt, dass ich grundsätzlich ein wenig emotionaler bin als meine Frau. Deshalb passierte es früher häufig, dass ich mich ungeliebt und nicht angenommen fühlte – was auch stets der Grund für mein notorisches Fremdgehen gewesen war.

Mangelte es mir an Zuwendung, kamen sofort die Gedanken von früher auf: »Traudi ist vielleicht doch nicht die richtige Partnerin für mich«, oder »Vielleicht sollte ich mich nach einer anderen Frau umsehen, die mir geben kann, was ich mir wünsche« – diese und ähnliche Gedanken ergriffen dann Besitz von meinem

Denken. Später habe ich erkannt, dass sie besonders stark waren, wenn ich überarbeitet und unentspannt war oder das Gefühl hatte, mich belohnen zu müssen. Verglichen mit früher gab es aber einen entscheidenden Unterschied: Ich ging diesen Gedanken nun nicht mehr nach. Ich wollte ihnen keinen Raum mehr geben und sie auch nicht in die Tat umsetzen und zog mich dann deshalb immer zurück.

Ich hatte nun nämlich Gott an meiner Seite. Mit ihm wollte ich diese Verwirrspiele in meinem Kopf ausräumen. Es dauerte Monate und, um ganz ehrlich zu sein, eigentlich Jahre, bis ich ganz frei davon wurde, aber dazu kommen wir später. Zunächst war ich damit beschäftigt, diese Hirngespinste aus meinem Kopf zu bekommen, wenn sie auftauchten. Sobald bei mir die Alarmglocken schrillten, setzte ich mich hin, las in der Bibel oder betete.

Das für mich wesentlichste Gebet war: »Vater, ich bitte dich, segne mich und erweitere mein Gebiet! Steh mir bei und halte Schmerz und Unglück von mir fern.« Es ist ein alttestamentarisches Gebet, das mir enorm viel Zuversicht und Kraft verlieh. Ich wollte beten lernen, um mein Herz zu festigen. Und ich wollte Gott persönlich kennenlernen. Ich wollte kein religiöses Wissen über ihn. Ich wollte eine persönliche Beziehung zu ihm. Ich durfte lernen, frei zu beten, und erfuhr, wie ich allein Zeit mit Gott im Gebet verbringen konnte. Es geschahen auch umgehend kleinere und größere Wunder. Teilweise erlebte ich wirklich unglaubliche Sachen. Eines der ersten Laster, von denen ich durch die Gebete befreit wurde, war das Rauchen. Eines Tages hatte ich kein Bedürfnis mehr danach – nach 25 Jahren Zigarettenkonsum!

Auch das Gebet »Alles vermag ich durch den, der mir Kraft gibt – Jesus Christus«, war und ist eine wahre Kraft-Tankstelle für mich. Es hängt heute noch bei mir an der Wand, weil ich daraus immer wieder Ermutigung schöpfe. Welche Worte einem Menschen gut tun, das darf jeder für sich selbst herausfinden, aber für mich sind es die oben genannten. Die Gebete haben mir sowohl im Privatleben als auch im Unternehmen geholfen. Dabei gilt wie bei jedem Gebet: Es nur zu sprechen oder zu denken bedeutet gar nichts. Es wirklich zu meinen, zu glauben und auf Gott zu vertrauen, bedeutet alles!

Ansonsten habe ich mich in der Stille, die ich wirklich zu lieben begann, einfach mit Gott unterhalten. Ganz so, wie es Jesus getan hat. Er hat sich immer zurückgezogen und mit Gott gesprochen. So habe auch ich gelernt, meinen Tag in seine Hände zu geben und ihn immer mehr um die Führung in meinem Leben gebeten. Das ist natürlich auch ein Prozess und geht nicht von heute auf morgen, aber mein Ziel war es, die Stimme Gottes zu vernehmen. Dafür braucht man aber Ruhe und Stille, denn im Trubel schreien die Gedanken laut durcheinander und man kann Gott nicht so leicht hören.

Diese Zeit mit ihm tat mir jedes Mal sehr gut, und darum sehnte ich mich immer öfter danach. Es war keine Last, mich in Stille hinzusetzen und mit Gott zu reden. Ganz im Gegenteil! Ich spürte, da tat sich etwas in mir. Irgendetwas begann sich zu verändern. Schließlich wurde mir bewusst, dass es Friede und Freude waren, die mich überkamen, wenn ich mit Gott reden konnte. Er hat dieses Vakuum, in dem ich mir ungeliebt und abgelehnt vorkam, mit einem tiefen Gefühl des Geliebt- und Angenommen-Seins gefüllt. Wenn ich eine so intensive Zeit mit ihm erlebte, hatte ich keinerlei Bedürfnis nach Sex mit fremden Frauen, Geld oder Macht. Ich musste nicht mehr äußerlicher Liebe und Anerkennung nachlaufen. Ich hatte sie plötzlich in mir.

Das war eine ganz wesentliche Erkenntnis, wobei es noch eine Weile dauerte, bis mir ganz bewusst wurde, dass ich die Liebe Gottes in mir hatte. Das ist nichts, was man von außen geschenkt bekommt. Solange man die Liebe Gottes in sich nicht spürt, fällt es uns schwer, andere Menschen zu lieben. Ich hätte diese Liebe und Anerkennung, die ich suchte, also auch nie bei einer anderen Frau finden können. Das wäre völlig unmöglich gewesen, aber das wusste ich damals noch nicht. Allerdings beschlich mich allmählich eine leise Ahnung.

Drei Aspekte wurden für mich immer wichtiger: Freude, Friede und die Übereinstimmung mit Gott und seinem Wort. Danach wollte ich mich ausstrecken, denn ich spürte, dass es das war, was mir gut tat, was mir Heilung und Erfüllung geben konnte. Trotzdem kamen wieder dunkle Gedanken. Ich begegnete sogar Frauen, von denen ich die Überzeugung hatte, dass ich mit ihnen genauso viel Freude und Frieden haben könnte wie mit Traudi, aber etwas ganz Entscheidendes fehlte: Es gab keine Übereinstimmung mit Gott und seinem Wort. Das gab es nur mit Traudi, weil ich mit ihr vor ihm den lebenslangen Bund der Ehe eingegangen war. Darum vertraute ich darauf, dass er uns so veränderte, dass diese Gedanken eines Tages keinen Platz mehr haben würden, weil sie von seiner Erfüllung verdrängt werden würden.

Vertrauen und Geduld waren also zwei weitere Dinge, die ich zu lernen hatte. An dieser Stelle muss noch einmal festgehalten werden, dass das alles wirklich langwierige Prozesse waren und sind. Man darf sich nicht der Illusion hingeben, dass Veränderung so schnell passiere, als würde man einen Computer neu aufsetzen. Dranbleiben ist die wichtigste Devise, egal wie beschwerlich es ist. Meine negativen Anfechtungen machten schließlich nicht nur mir zu schaffen, sondern auch Traudi. Ich habe immer offen mit ihr darüber geredet. Man kann sich vorstellen, dass es für keine Frau angenehm ist, wenn ihr der Ehemann eröffnet, er habe eine tolle Frau getroffen und es bestehe die Gefahr, die Gedanken könnten sich um sie zu drehen beginnen.

Das war keine leichte Zeit für uns, und wir sind heute noch sehr dankbar dafür, dass wir sie mit der Hilfe Gottes durchstehen konnten. Worte können mitunter mehr verletzen als alles andere, aber die Offenheit war ein wesentlicher Faktor für unsere Veränderung. Ich hatte den Mut über die Dinge zu reden, die mich bewegten, und Traudi hatte die Kraft, sich das anzuhören und damit umzugehen.

Kapitel 10

Gedankenveränderung durch Gottes Wort

Sehr geholfen haben uns auch regelmäßige Treffen und der Austausch mit christlichen Ehepaaren. Diese Zusammenkünfte fanden alle zwei Wochen in einem Restaurant in Linz statt. Es waren Männer und Frauen aus den verschiedensten Gesellschaftsschichten und Berufsgruppen, die alle einen ganz bestimmten Lebensstil kennengelernt hatten – einen Lebensstil, der so viel mehr Freude und Frieden in ihnen bewirkte als alles andere je zuvor, und davon erzählten sie während eines Abendessens. Es waren spannende Zeugnisse darüber, wie sie mit Gott durch schwierigste Krisen gegangen waren und die Herausforderungen des Lebens meisterten. Sie berichteten, wie sie Veränderung erfahren sowie Heilung und auch Wunder erlebt hatten. Dadurch wurden wir in unserem Glauben bestärkt: Gott hat vor 2000 Jahren Jesus Christus als unseren Erlöser in diese Welt gesandt. Diese regelmäßigen Treffen waren in unserer größten Lebensveränderung sehr wichtig und eine starke Ermutigung darin, endlich auf dem richtigen Weg zu sein.

Diese Menschen legten ihre Lebenszeugnisse nicht aus Stolz ab, sondern aus Dankbarkeit. Sie erzählten uns, dass Jesus nicht nur vor 2000 Jahren Wunder wirkte, sondern er gestern, heute und in alle Ewigkeit derselbe sei. Die Heilungswunder sind die größte Werbung für die Kraft Gottes und beeindruckten mich sehr. Bei mir gab es ja jede Menge zu heilen und ich war sehr gespannt, ob auch ich Heilung erfahren würde. Bis dahin sollte ich aber noch viele Lernprozesse durchlaufen ...

In der Gemeinschaft mit diesen Ehepaaren fühlten wir uns richtig wohl. Es war keine Zusammenkunft wie in einer Kirche, sondern vielmehr eine von Laien, die einfach ihre persönlichen Erfahrungen teilten. Damit begonnen hatte 1950 ein armenischer Christ und Geschäftsmann in den USA, und mittlerweile finden solche Treffen in 160 Ländern und rund 7000 Hotels und Restaurants weltweit statt.

Die Menschen, die hier Zeugnis ablegten, rieten uns, damit aufzuhören, uns selbst verändern zu wollen. Ich wusste damals zwar noch nicht so recht, wie ich mich sonst verändern könnte, jedoch war mir klar, dass das, was ich und wir bis dato aus eigener Kraft versucht hatten, auch nicht funktionierte. Ihr Rat dazu war: »Verändert euer Denken durch das Wort Gottes.« Zur Veranschaulichung sprachen sie über Senf- und Mayonnaise-Tuben. »Wenn man darauf drückt, kommt das heraus, was drinnen ist. Bei uns Menschen ist das nicht anders. Wenn wir unter Druck stehen, kommt auch das heraus, was in unserem Herzen ist. Darum sollte dort und zunächst in euren Gedanken eine Veränderung stattfinden«, erklärten sie und ermutigten uns dazu, täglich im Neuen Testament zu lesen. Sie empfahlen Traudi und mir, uns gegenseitig als Geschenk Gottes anzunehmen. Das klang zwar gut, war aber gar nicht so leicht umzusetzen, und bis es gelang, erfolgten noch viele weitere Lernprozesse, von denen ich später noch berichten werde.

Was ich bei diesen Veranstaltungen hörte, war anfangs neu und auch etwas seltsam für mich. Der Ehebrecher in mir konnte sich nicht gleich mit dem Gedanken anfreunden, zum Bibelleser zu werden. Aber da war auch jene Seite in mir, die sich so wohl und geborgen fühlte, wenn ich in der Stille die Nähe zu Gott suchte und mit ihm sprach. Warum sollte ich also nicht auch in der Bibel lesen? Dort stand ja sein Wort geschrieben. Traudi hatte da ohnehin weniger Vorbehalte, also kauften wir uns eine katholische Bibel.

An den Abenden und am Wochenende lasen wir uns gegenseitig daraus vor. Damit wir das regelmäßig tun konnten, hielten wir uns zwei Abende in der Woche dafür frei. Es war vereinbart, dass ich an diesen Tagen früher nach Hause kommen würde, und daran hielt ich mich auch. Dadurch wurde mein Stresspegel automatisch gesenkt. Fast unbemerkt schaffte ich ein paar wichtige Schritte aus meinem Workaholic-Dasein heraus. Ein wunderschönes Ritual aus dieser Zeit ist, dass wir uns nach dem Frühstück die Hände gereicht und miteinander für unsere Familie, Mitarbeiter und unsere Herkunftsfamilien gebetet haben. Das machen wir übrigens heute noch.

Es war wirklich erstaunlich und überraschend, welch große Schätze wir in der Bibel finden konnten. Besonders begeistert waren wir vom Johannes-Evangelium, dem Römerbrief und den Psalmen und Sprüchen, mit denen wir begonnen hatten. Recht bald entstand der Wunsch nach einer Gemeinschaft, und so lernten wir eine Freikirche in Wels kennen, in die wir sonntags regelmäßig zum Gottesdienst fuhren.

Manchmal nahmen wir auch die Kinder mit, doch wir wollten ihnen keinen Zwang auferlegen. Wir wollten nicht, dass sie mit der gleichen Einstellung in ein Gotteshaus gingen, wie wir das früher getan hatten – einfach nur aus Tradition und Religion. Wenn sie mit uns kamen, dann aus freien Stücken. Sie hatten die Veränderung ja auch ganz klar mitbekommen und freuten sich darüber und fühlten sich ermutigt. Daraus ist etwas entstanden, denn auch sie sind heute beide gläubig.

Der Glaube an Gott hat Traudi und mich wieder befähigt zu lieben, und das hat unser ganzes Leben verändert. Er erfüllte unsere Herzen mit Frieden. Zuvor waren wir viele Jahre durch die Hitze eines Schmelzofens der Schmerzen und Leiden gegangen. Den Weg in eine glückliche Beziehung hat uns Jesus geebnet. Gehen mussten wir ihn aber selbst. Jesus sagte von sich: »*Ich bin der Weg, die Wahrheit und das Leben*« (Joh 14,6 NLB). Er sagte nicht, dass er unseren Lebensweg für uns gehen würde.

Gott möchte alle Menschen glücklich machen – das ist ein Gedanke, der es wert ist, immer wieder in Erinnerung gerufen zu werden. Gott möchte, dass wir in Liebe, Fülle und Frieden leben. Wir müssen uns aber auch dafür entscheiden und es wollen. Je öfter wir daran denken, desto weniger Kraft haben die zerstörerischen Gedanken, die uns so oft im Kopf herumschwirren und meist zu Handlungen führen, die uns von jenem Weg abbringen, der in die Erfüllung leiten würde. Darum ist es so wichtig, diesen Gedanken keinen Raum zu geben und sich auf Gottes Wunsch auszurichten, der darin besteht, uns glücklich zu machen. Ohne Gott können wir das nicht schaffen, und doch liegt es letzten Endes nur an uns. Daran, wofür wir uns entscheiden. Alles in unserem Leben bedarf einer Entscheidung.

Viele Menschen gehen jeden Sonntag in die Kirche, so wie das auch in meiner Familie üblich war. Sie beten dort für genau diese Dinge: Liebe, Fülle, Frieden und Gesundheit. Dann gehen sie hinaus und glauben, dass der Herr es ihnen im Schlaf gibt oder einfach mit dem Finger schnippt und alles ist gut. So funktioniert das aber nicht. In Wahrheit hat Gott uns das alles bereits geschenkt. Es gibt keinen Mangel in unserem Leben, außer in unseren Köpfen, in unseren Gedanken. Wir müssen uns nur dazu entscheiden, die Geschenke Gottes auch im Glauben anzunehmen. Wenn wir uns nach ihm ausrichten und den Worten seines Sohnes folgen, werden wir uns dessen immer mehr bewusst und Wunder geschehen in jedem von uns, denn Gott schaut nicht auf Ansehen oder Person – er liebt uns Menschen alle gleich.

Mein Stolz hinderte mich lange daran, Gottes Güte in Demut anzunehmen. So geht es wohl den meisten Menschen. Wir sind grundsätzlich davon überzeugt, dass das, was wir denken und demzufolge auch tun, ohnehin großartig sei. Das ist meist ein Trugschluss, den uns das Ego vorgaukelt. Je mehr ich das erkannte und verändern konnte, desto mehr wuchsen die Freude und der Frieden in mir. Das ist wohl ein Prozess, der nie zu Ende gehen wird. Am Anfang steht aber immer der Gedanke, der verändert werden soll. Wir wissen, dass allen Einflüssen in unserem Leben ein Gedankenmodell zugrunde liegt. Fortwährende Gedankenmuster bestimmen unsere Handlungen und Erfahrungen und langfristig unser ganzes Leben.

Kapitel 11

Erste Schritte zur Selbstliebe

Liebe deinen Nächsten wie dich selbst! Das sind die Worte Jesu. Jeder kennt sie, und dennoch beherzigt sie kaum jemand. Jesus sagte ja nicht:»Liebe nur den Nächsten«. Und mit»sich selbst lieben« meinte Jesus nicht das, was wir im Allgemeinen unter Liebe verstehen und was in Wahrheit nur Streicheleinheiten für unser Ego oder Ersatzbefriedigungen sind. Jesus hingegen verstand darunter die bedingungslose und wahre Liebe zu uns selbst.

Als ich Jesus im Herzen annahm, wusste ich rein gar nichts über diese Form der Liebe. Vermutlich habe ich auch deshalb so sehr danach gehungert. Ich hatte keine Ahnung, wie es ist, sich selbst zu lieben. Ich hatte mir vermeintlich viel Gutes getan, indem ich meinen Gelüsten nachgegangen war, aber geliebt habe ich mich nicht. Sonst hätte ich wohl auch – im wahrsten Sinne des Wortes – mehr Selbstbewusstsein gehabt. Es gab damals aber kein Bewusstsein für mein Selbst. In mir regierte nur das Ego. Das wird so gut wie immer mit der bedingungslosen Liebe zu uns selbst verwechselt. Dabei sind diese zwei Begriffe so unterschiedlich wie Schwarz und Weiß. Aus diesem Grund habe ich dem Ego weiter hinten im Buch auch ein eigenes Kapitel gewidmet.

Durch mein Ego und den Stolz, der daraus erwuchs, hatte ich all die vielen kranken Gedanken geboren, die mein Leben fast zerstörten. Ich wusste ja, dass einiges gehörig schieflief, und wollte Veränderung. Aber wie absurd ist es, immer dasselbe zu tun und gleichzeitig zu erwarten, dass sich etwas verändern würde – wie Einstein bereits sagte. Genau das hatte ich aber getan, und zwar so lange, bis ich die wichtigste Entscheidung meines Lebens traf, nämlich Jesus die Führung in meinem Leben übergeben.

Ich wusste damals gar nicht, was das alles auslösen würde, aber ich spürte wohl ganz genau, dass es Zeit für Umkehr war. Und es ist ja tatsächlich so, dass Buße tun nichts anderes heißt, als umzukehren. Die Kirche spielt gerne mit der Schuld der Menschen und lehrt weniger von der Gnade Gottes. Darum wird der Begriff Buße dort auch als Reue »verkauft«, und wer bereut, muss beten oder etwas opfern. Das war einmal … im Alten Testament nämlich, aber durch Jesus sind wir erlöst. Wenn wir heute Buße tun, müssen wir einfach nur umkehren, unseren eigenen ausgetretenen Pfad verlassen und mit Gottes Hilfe einen neuen Weg beschreiten.

Das klingt so einfach, wäre da nicht das zerstörerische Ego, das die Selbstliebe immer verhindert. Ich weiß, wovon ich schreibe, weil mein Ego immer riesengroß war, geliebt habe ich mich selbst aber nie. Als ich dann begann, in der Bibel zu lesen, habe ich plötzlich, einfach so, oben auf die jeweilige Seite immer »Lieber Franz« geschrieben. So sehr dürstete ich nach der Liebe, die ich für mich selbst nie empfunden hatte und demzufolge auch nicht äußerlich finden konnte. Darum stellte ich mir vor, Gott hätte mir seine Botschaften als persönliche Liebesbriefe geschrieben.

Das mag den einen oder anderen Leser vielleicht zum Schmunzeln bringen, aber ganz ehrlich: Wer sehnt sich denn nicht nach Liebe, Geborgenheit, dem Gefühl, angenommen zu werden, und wer kann sich das schon selbst geben? Die meisten Menschen, die ich kenne, haben all das auch stets äußerlich gesucht oder suchen noch immer.

Mir haben diese Liebesbriefe an mich selbst sehr geholfen. Sie haben nämlich mein Bild von mir selbst entscheidend verändert. Dadurch habe ich erstmals bedingungslose Liebe erfahren. Ich habe erfahren, dass Gott ein liebender Vater ist und ich sein Kind, das er so annimmt, wie es ist. Darum hat er vor 2000 Jahren Jesus als unseren Erlöser in unsere Welt gesandt.

So viel Liebe übersteigt schlicht unsere Vorstellungskraft, und doch kann man sie ganz deutlich spüren, wenn man Gottes Worte liest. Das hat auch meinen Glauben gestärkt. In der Bibel zu lesen hat in mir viel ausgelöst. Dadurch hat sich extrem viel verändert. Ich habe gelernt, was Gnade bedeutet. Die Gnade Gottes ist wohl das größte Geschenk. Je mehr ich davon für mich selbst empfand, desto weniger musste ich äußerlich danach suchen. Ich fühlte mich bei mir angekommen, richtig zu Hause. Wenn ich in der Bibel las, wurden Gott und ich eine Einheit.

So konnte der Geist Gottes mich und mein Ego mehr und mehr verändern. Anstatt mich aufzublasen, wollte ich mich lieben und auch anderen Menschen liebevoll begegnen, ganz nach dem Vorbild Jesu. In Markus 12,30–31 (HFA) heißt es: »*Ihn [Gott] sollt ihr von ganzem Herzen lieben, mit ganzer Hingabe, mit eurem ganzen Verstand und mit all eurer Kraft.*« Ebenso wichtig ist – wie bereits erwähnt – das andere Gebot: »*Liebe deinen Mitmenschen wie dich selbst!‹ Kein anderes Gebot ist wichtiger als diese beiden.*« Um das leben zu können, musste ich aber erst die Liebe zu mir selbst finden, weil ich davor gar nicht liebesfähig war. Wie hätte ich denn etwas geben oder verschenken können, das ich gar nicht besaß und verspürte? Diese Erkenntnis und die ersten Schritte dorthin waren zweifelsohne wesentliche Bausteine bei der Errichtung meines neuen Fundaments.

Ich durfte lernen, dass Jesus die zuverlässigste Quelle ist, um zu lernen mich selbst zu lieben. Er ist das beste Beispiel für ein gutes Leben. Jesus hat viel über die Beschaffenheit und die Bedeutung meines Lebens zu sagen – darüber, was der Kern für mein Leben ist.

1. Leben ist, geliebt zu werden und zu lieben.
2. Leben ist, Gott in jedem Moment zu vertrauen.
3. Leben ist, mit Gott und mit sich selbst Frieden zu haben.
4. Leben ist, Gott zu genießen.[2]

Diese vier Sätze haben mir in meinem Leben mit Gott geholfen. Daher glaube ich auch, dass sie für jeden Menschen hilfreich sein können.

Leben ist, geliebt zu werden und zu lieben. Die Reihenfolge ist wichtig, denn solange wir nicht erkennen, dass wir geliebt werden, ist es schwierig, wenn nicht sogar unmöglich, wirklich zu lieben. Jeder von uns sollte von mindestens einem Menschen geliebt werden. Doch die Liebe, auf die es am meisten ankommt, die Liebe, die uns wissen lässt, dass wir wundervoll und bedeutend sind, ist Gottes Liebe für uns.

Seine Liebe geht über alles hinaus, was wir begreifen können.

Diese Erkenntnis war für mich die Basis, um zu lernen, mich selbst zu lieben.

---

2 Judah Smith, *Leben ist*. Schotten: Grace today Verlag 2015.

Kapitel 12

Unternehmenskrise

D ass ein Haus in sich zusammenzubrechen droht, wenn das Fundament nicht stabil genug ist, um es zu tragen, habe ich bereits erwähnt. Genau so war es auch bei unserer Firma. Dieses florierende und vermeintlich grundsolide Unternehmen begann unter der Last meines Vorlebens und meiner früheren Werte zu wanken.

Erinnerst du dich an das Kapitel »Verehrung falscher Götter wie Geld, Macht, Sex und Humanismus«? Darin findet sich der Satz: »Franz, du kannst ja nur Einfamilienhäuser bauen und keine großen Objekte!«. Meine überhebliche Reaktion und die daraus resultierenden Handlungen hätten Jahre später fast den gesamten Betrieb in den Abgrund gerissen. Ursache und Wirkung können zeitlich gesehen lange, mitunter Jahrzehnte, auseinander liegen.

So machten sich auch die Auswirkungen meines Einstiegs in den Objektbau erst einige Zeit später bemerkbar, dafür jedoch mit voller Wucht. Jede Handlung, alles, was wir tun, hat eine Konsequenz. Dessen war ich mir damals aber überhaupt nicht bewusst. Darum konnte mich mein Ego in den Objektbau treiben. Was das nach sich ziehen würde, ahnte ich zu jener Zeit nicht im Geringsten.

Hinzu kommt, dass die Krise unseres Unternehmens mit der allgemeinen Baukrise in den Jahren 1995 bis 2000 zusammenfiel und uns zudem auch noch ein Auftraggeber hängen ließ. Er meldete Konkurs an und wir blieben mit zehn Millionen Schilling Außenständen im Regen stehen. Alles, was wir uns mit so viel Arbeit und Fleiß aufgebaut hatten, drohte zusammenzubrechen. Binnen kurzer Zeit verloren wir 30 Millionen Schilling Eigenkapital und zwei Banken ihrerseits das Vertrauen in uns. Diesen beiden Instituten mussten wir die Darlehen von 20 Millionen Schilling umgehend zurückzahlen. Wir hatten damals insgesamt 70 Millionen Schilling Fremdkapital aufgenommen. Kaum hatten Traudi und ich uns wiedergefunden, standen wir nun kurz davor, alles Materielle zu verlieren – unser gesamtes bisheriges Lebenswerk stand auf der Kippe.

Hinzu kam, dass ich durch diese Krise einen Rückfall in die Depression erlitt. Ich hatte phasenweise überhaupt keine Kraft oder Motivation, irgendetwas zu tun. Ich vermochte morgens oft kaum aufzustehen und verbrachte tagsüber die meiste Zeit im Bett. Freitags konnte ich mich mit viel Mühe aufraffen, um ins Büro zu gehen und die notwendigsten Dinge zu erledigen. Es war eine der schwierigsten Zeiten in meinem Leben. Ich scheute mich davor, meine Mitarbeiter davon in Kenntnis zu setzen. Die Situation war ohnehin schon so verfahren und aussichtslos, dass ich ihnen nicht auch noch mitteilen wollte, dass ihr Chef an Burnout litt. Das hätte sie bestimmt zusätzlich belastet und verunsichert.

Den größten Schmerz empfand ich beim Gedanken an die Schande vor der Gesellschaft. Der drohende Konkurs war für mich ein Horrorszenario, und just davon war alsbald in der Zeitung zu lesen … Zu der Zeit, als sich wie erwähnt die gesamte Baubranche in der Krise befand, ging nämlich ein Mitbewerber in Konkurs. Der Redakteur, der davon in einer Zeitung berichtete, verwechselte dessen Namen mit meinem. Das, wovor ich so große Angst hatte, war also plötzlich schwarz auf weiß zu lesen, und es stimmte nicht einmal.

Natürlich ließen wir sofort einen Widerruf verfassen, aber den nahm kaum jemand zur Kenntnis. »Der Wimberger ist im Konkurs« – das blieb in den Köpfen hängen. Es war schrecklich. Partner- und Zuliefererfirmen waren ebenso verunsichert wie unsere Mitarbeiter. Man kann sich vorstellen, was für ein Tumult das war. Dieser Aufruhr brachte mich an den Rand des totalen Zusammenbruchs. Doch so schwach ich mich einerseits auch fühlte, so stark verspürte ich in meinem Inneren eine Kraft und einen unbändigen Willen, der mich sagen ließ: »Lieber sterben als aufgeben!«

Und eines Tages kam mir dann nach dem Morgengebet die rettende Idee in Form einer Erinnerung an einen Marketingtest, der mir einige Zeit zuvor einmal zugesandt worden war. Ich wusste, dass das Formular noch irgendwo in einer Schublade schlummerte. Dass mir das so spontan einfiel, verstand ich als Fingerzeig Gottes. Also machte ich mich auf die Suche, fand die Unterlagen und sah, dass ich anhand dieses Tests herausfinden konnte, ob wir strategisch richtig aufgestellt waren. Ich füllte das Formular aus und mailte es an die Marketingagentur in Wien. Kurz darauf wurde ich zurückgerufen und schon bald kam jemand zur Beratung in unseren Betrieb.

Der Marketingberater stellte fest, dass wir tolle Mitarbeiter hatten, aber nicht richtig positioniert waren, wir uns als Unternehmen also nicht klar genug auf einen Bereich spezialisiert hatten. Damit wurde vorerst nur noch mehr Angst in mir geschürt, da ich von mir und meinem Tun so überzeugt war, dass ich angesichts dieser niederschmetternden Botschaft meinte, es gäbe überhaupt keinen Ausweg. Was der Experte sagte, erschien mir dennoch logisch, da wir auch in den zehn vorherigen Jahren höchst erfolgreich gewesen waren und ständiges Wachstum hatten verbuchen konnten. Auch für den Berater war klar, dass diese eine Fehlentscheidung – in den Objektbau einzusteigen –, die ich damals aus meinem naiven Stolz heraus getroffen hatte, die Ursache allen Übels war. Der Einbruch der gesamten Branche hatte das Seine dazu getan, aber meine falsche Entscheidung stach dem Experten mehr als alles andere sofort ins Auge.

Ich hätte mich deswegen ärgern können, aber ich wollte nicht mehr zurückschauen. Das konnte ich auch gar nicht. All meine Kraft musste ich in die nächsten Schritte nach vorne investieren. Ich las diesbezüglich auch viel in der Bibel, in der steht, dass man bei Schwierigkeiten immer nach vorne schauen soll. »Die Hoffnung stirbt zuletzt!« – das war meine Devise.

Darum engagierten wir parallel zum Marketingexperten auch noch einen Unternehmensberater. Mit ihm und den wichtigsten Säulen des Unternehmens setzten wir uns dann einige Tage zusammen und suchten nach Auswegen aus der Misere. Am Ende standen drei Möglichkeiten zur Auswahl: entweder nur noch Einfamilienhäuser und Keller bauen oder ausschließlich Sanierungen durchführen oder der Objektbau, der die letzte, für mich aber undenkbare Alternative war. Feststand, dass wir uns wieder auf eine Sparte spezialisieren mussten, und da wir vor meiner »glorreichen Idee« des Objektbaus auch nur Einfamilienhäuser und Keller gebaut hatten, entschieden wir uns dafür. Das konnten wir, darin waren wir schon so erfolgreich gewesen, also wollten wir uns wieder ganz auf unsere Stärken konzentrieren.

Im Zuge dieser Umstrukturierungen und vieler Gespräche fielen von Seiten unserer Mitarbeiter auch kritische Bemerkungen, die mir zu denken gaben. Manche Mitarbeiter beklagten, sie hätten zu wenig Mitspracherecht. Sie wünschten sich mehr Verantwortung. Dieses Thema ging bei mir wieder ans Eingemachte. Das traf mein Ego ins Mark, denn das war natürlich eine Kritik an meinem patriarchalischen Führungsstil. Bis dahin hatte ich schließlich stets allein das Ruder in der Hand gehabt.

Es wird nicht sonderlich überraschen, wenn ich jetzt gestehe, dass ich mich angegriffen fühlte. Wüsste ich es heute nicht schon besser, würde ich schreiben, dass es meine Gefühle verletzte. Tatsächlich verletzte es aber nur mein Ego und nicht meine Gefühle. Damals sah ich das noch ganz anders. Ich war gekränkt. »Das also auch noch«, dachte ich, als hätte ich nicht ohnehin schon genug zu durchleiden gehabt! In dieser Phase der Aufarbeitung wurde ich wirklich mit vielen Mustern konfrontiert.

Dank Gottes Hilfe behielt aber nicht die gekränkte Eitelkeit, sondern die klare Sicht auf die Dinge die Oberhand, weil ich sah, dass die Mitarbeiter trotz der Krise und trotz meines Führungsstils noch immer da waren. Sie standen zu mir und dem Betrieb. Ihre Treue und Loyalität berührten mich und brachten mich zum Umdenken und Loslassen. Schweren Herzens ließ ich also eine zweite Führungsebene zu.

Das war alles andere als leicht für mich, den Alleinherrscher. Plötzlich sollte jemand anders sich in Dinge einmischen können? Diesen Brocken musste ich erst einmal schlucken, und das war eine extrem schwierige Übung, bei der ich oft sprichwörtlich würgen musste. Es fällt mir heute noch nicht leicht, daran zurückzudenken. Wenn man so im Ego verhaftet ist, wie ich es damals war, ist das ein absoluter Grenzgang zum Unerträglichen. Ohne Gott an meiner Seite, der ja bereits begonnen hatte, mich aufzuweichen, hätte ich das nie geschafft.

Sein Wort und mein ungebrochener Wille, das Unternehmen zu retten, machten das Unmögliche möglich. Eine Bibelstelle hat mich dabei ganz besonders in meinem Glauben bestärkt: »*Wahrlich, ich sage euch: Wer zu diesem Berge spräche: Heb dich und wirf dich ins Meer!, und zweifelte nicht in seinem Herzen, sondern glaubte, dass geschehen werde, was er sagt, so wird's ihm geschehen.*« So steht es in Markus 11,23, und das war für mich ein wichtiger Anker.

Der Glaube versetzt Berge – das war mein Leitspruch. Und damit begab ich mich auch auf ein Seminar nach München. Dort hörte ich, dass man sich bei Vorstandssitzungen immer erst die Meinung der zweiten Führungsebene anhören und erst dann die eigene Sicht der Dinge preisgeben sollte. Durch diesen Rat fiel bei mir der Groschen. So wollte ich es auch machen, weil ich nur so verhindern konnte, dass mir die Leute nach dem Mund redeten. Schon bei der nächsten Sitzung setzte ich dieses neue Wissen ein. Was ich dabei allerdings nicht bedacht hatte, war, wie schwach ich mich fühlen würde, wenn zuerst die Mitarbeiter das Wort ergreifen konnten. Das war einmal mehr eine Tortur für mein Ego. Am Anfang war es ganz schwierig, das, was die anderen sagten, annehmen zu können. Das passte mir gar nicht. Dieses vermeintliche Leid musste ich aber durchstehen und obwohl dieser Prozess nur schmerzhaft und zäh voranging, schaffte ich es. Ich hatte keine Wahl: Ob ich wollte oder nicht, ich musste lernen, mich zurückzunehmen, um so zu qualitativ besseren Lösungen zu kommen, die auch tatsächlich eintraten. Die besten Entscheidungen haben wir immer gemeinsam als Team getroffen.

Dadurch hat sich Gewaltiges verändert. Wir schufen eine zweite Führungsebene, machten die Bauleiter und die Verkaufsberater zu Mitunternehmern und führten eine leistungsorientierte Entlohnung ein. Damals war mein Herz noch nicht so verändert, dass ich diese Entscheidung aufgrund des Guten in mir getroffen hätte. Ich wurde mehr oder weniger dazu gezwungen, weil mir meine Mitbewerber sonst die besten Leute abgeworben hätten.

Diese lauerten nämlich schon die längste Zeit auf diese Möglichkeit, und das musste und wollte ich verhindern. Immerhin hatten wir damals bereits die 100 besten Mitarbeiter aus der Region. All diese Schritte haben die gesamte Struktur des Unternehmens verändert. Die Entwicklung verlief auf jeder Ebene positiv. Gott sei Dank hatte unsere Hausbank das Vertrauen in uns nicht verloren. Mit ihr im Rücken konnten wir weiterarbeiten. Und das taten wir gut. Wir entwickelten eine Vision und eine neue Strategie. Das erklärte Ziel war, in Ober- und Niederösterreich Marktführer für Haus und Wohnen zu werden. Für diese Mission arbeiteten alle hart, und innerhalb eines Jahres hatten wir die wichtigsten Entscheidungen zur Zielerreichung getroffen. Wie versprochen, konnten wir das gesamte Fremdkapital in den folgenden Jahren zurückzahlen und standen somit auch finanziell wieder auf gesunden Beinen.

Für das Überleben und die neuerliche Erfolgsgeschichte der Firma war mein Umdenken enorm wichtig. Die Veränderung war der Schlüssel dafür. Ich durfte lernen, dass der Erfolg niemals größer ist als der Mensch selbst. Erfolg sollte auf der Herzensebene basieren. Ich musste meine starre Position aufgeben und meinen patriarchalischen Führungsstil ablegen. Erst als die Demut den Platz des Stolzes eingenommen hatte, konnte die Firma wieder gesunden. Ich erkannte, wie sehr ich von unbewussten Gewohnheiten und von zwanghaften Verhaltensweisen beherrscht wurde. Dieser Erkenntnis musste ich mich stellen und meine alten Muster Schritt für Schritt auflösen, weil sie so viele Konflikte ausgelöst hatten.

Alles in allem dauerte diese Krise ungefähr drei Jahre, und so lange kämpfte ich auch mit meinem Burnout, wobei es mir zunehmend besser ging, je mehr sich die Dinge lichteten. Rückwirkend bin ich sehr dankbar, dass das Feuer der göttlichen Leidenschaft in mir brannte, durch das mich nichts mehr davon abhalten konnte, meine Träume zu verwirklichen. Die Vision, Menschen dabei zu helfen, einen ihrer wichtigsten Lebensträume zu verwirklichen – dafür lohnt es sich bis zum heutigen Tag zu kämpfen, und ich möchte auch dich ermutigen, niemals aufzugeben und deine Ziele niemals aus den Augen zu verlieren. Es ist wichtig, nicht zurückzublicken, sondern immer vorwärtszugehen. Mit Gott an der Seite wird auch das scheinbar Unmögliche möglich!

Kapitel 13

Konfliktbewältigung

Die tiefste Ursache für ständige Konflikte und Reibereien in Beziehungen sind unbefriedigte emotionale Bedürfnisse. Der Hunger nach Liebe gehört ebenso zu uns wie das Atmen. Er lässt sich nicht mit Ersatz abspeisen, dieser Hunger will wirklich gestillt werden. Ein Mensch, bei dem wichtige emotionale Bedürfnisse unbefriedigt bleiben, ist nicht komplett. Er wird ständig auf der Suche nach einem anderen Menschen sein, nach der ihm fehlenden Hälfte. Hat er dann aber einen Partner gefunden, sind Konflikte vorprogrammiert.

Selbst den größten Narzissten unter uns wird es so gehen. Denn auch die übersteigerte Liebe zu sich selbst kann diese Art von Liebeshunger – der ja ein positiver Trieb ist, ein von Gott gegebenes Bedürfnis, zu lieben und geliebt zu werden – nicht befriedigen. Von Geburt an tragen wir das in uns. Es reicht einfach nicht, zu einem Baby zu sagen »Ich liebe dich«. Diese Liebe müssen wir auch durch körperliche Zuneigung zum Ausdruck bringen. Nur so können die Liebestanks des Kindes aufgefüllt werden. Das Baby zärtlich in den Arm zu nehmen, mit ihm zu kuscheln, ihm etwas vorzusummen oder zu singen – all das ist für das Neugeborene genauso wichtig wie Wärme und Nahrung. Wenn ihnen diese Liebe vorenthalten wird, können Babys daran sogar sterben. Auf jeden Fall tragen sie aber lebenslange Narben davon.

Das weiß man heute viel besser als zu der Zeit, in der meine Frau und ich aufwuchsen. Unsere Liebestanks wurden durch unsere Eltern nicht voll gefüllt. In einer optimal funktionierenden Familie wird die Liebe von Generation zu Generation weitergegeben, indem sie von den Eltern zu den Kindern fließt. Damit auch die Tanks der Eltern voll bleiben, muss die Beziehung zwischen Mutter und Vater durch ständiges Geben und Nehmen erfüllt sein. Das sollte aus gegenseitiger Liebe, Achtung und echter Freundschaft geschehen. Wirklich ideal gefüllt ist so ein Liebestank dann, wenn auch noch die Liebe von Gott mitschwingt. Unsere menschliche Liebe ist fehlerhaft und selten bedingungslos. Seine Liebe aber stellt keine Bedingungen. Sie ist vollkommen. Unsere Liebe hat Grenzen; seine nicht.

Wir können uns gegenseitig nicht ausreichend glücklich machen, doch Gott kann es. Er ist die wahre Quelle aller Erfüllungen. Im Idealfall empfangen die Eltern so reichlich von seiner und ihrer gegenseitiger Liebe, dass sie aus ihren vollen Tanks heraus an das Kind weitergeben können. Wenn die Eltern nicht fähig sind, ihre Liebe zueinander zu leben, erleiden die Kinder Schaden. Es besteht die Gefahr, dass auch sie aus dem Gleichgewicht geraten. Die Folgen daraus sind Symptome wie Süchte, Wutanfälle, zwanghafte Verhaltensweisen und vieles mehr.

All das birgt jede Menge Konfliktpotenzial, das wir mit uns in jede Beziehung tragen, die wir beginnen. Es liegt also selten am anderen, sondern meist an dem Rucksack, den wir mit uns herumschleppen. Oft ist es in Beziehungen dann auch so, dass sich rasch eine Rollenverteilung herauskristallisiert. Es halten zwar beide ein Ruder in der Hand, aber einer sagt, wohin gerudert wird. Im besten Fall wird das in harmonischer Absprache entschieden, aber meist ist es so, dass stets einer den Ton angibt.

Wenn die Rollen in beiderseitigem Einvernehmen verteilt sind, dann ist das optimal. Wenn nicht, wird auch das zu Konflikten führen, weil Enttäuschungen vorprogrammiert sind, sobald Erwartungen nicht erfüllt werden. Jeder vertraut auf die Rolle des anderen und auf die Erfüllung derselben. Man muss sich aufeinander verlassen können. Wird das Vertrauen zu oft enttäuscht, kommt es meist zum Bruch oder die Menschen versuchen dann, ihre Interessen durch Regeln oder mit Gewalt durchzusetzen. Schnell sind auch Täter- und Opferrollen verteilt, aber in Wahrheit ist man immer beides. Das ist jedoch nur den wenigsten bewusst.

Opfer und Täter zu sein ist meist das Ergebnis falsch programmierter Bedürfnisse. Diese erzeugen dann Gedanken und Gefühle, die den Verstand zum Handeln zwingen – wie zum Beispiel beim Fremdgehen. Diese Bedürfnisse kommen nie aus dem Geist, und darum führen sie zu Sünde und Verletzungen. Sie sind der Nährboden für Konflikte, ebenso wie egoistische und narzisstische Verhaltensformen, durch die man sich auf Kosten des Partners Vorteile verschafft.

Das Allheilmittel ist auch hier die bedingungslose Liebe. Es gilt der Grundsatz: Ich bin gut und du bist gut. Man sollte den anderen achten, egal was er tut; auch wenn man sein Verhalten nicht verstehen oder nachvollziehen kann. Oft ist das nicht einfach, zum Beispiel, wenn man sieht, dass es ihm nicht dient, sondern schadet. Aber jeder Mensch darf seine eigenen Erfahrungen machen, und wir wissen oft auch nicht, welche Pläne Gott für uns hat. Es ist an ihm, zu urteilen. Was sehr wohl an uns liegt, ist die Kommunikation. Die kann Gräben aufreißen und Konflikte schüren oder aber zum besseren Verständnis beitragen – je nachdem, wie man sie führt. Richtig eingesetzt, wird sie zur Konfliktbewältigung führen.

Marshall B. Rosenberg war ein weltbekannter Psychologe, der das Konzept der gewaltfreien Kommunikation entwickelte. Er unterteilte die Kommunikation generell in »Giraffensprache« und »Wolfsprache«. Die »Giraffensprache«, also gewaltfreie Kommunikation, basiert auf Mitgefühl. Wir tun gut daran auszudrücken, was in uns vorgeht, und zu kommunizieren, was das Leben schöner machen würde. Dazu sollte man aber lernen, das ganz ohne Kritik oder Forderungen vorzubringen, anstatt dem Partner um die Ohren zu werfen, was er diesbezüglich alles versäumt habe. Niemand kann in das Herz eines anderen schauen und wissen, was ihn bewegt. Darum ist es wichtig, das zum Ausdruck zu bringen, was in uns lebendig ist, aber eben mit den richtigen Mitteln.

Gewalttätigkeit bringen wir meist mit körperlichen Angriffen oder Verletzungen in Verbindung. Nach Rosenberg kann Gewalttätigkeit aber auch in der Kommunikation stattfinden. Die »Wolfsprache« bedient sich der Bestrafung, Belohnung, Schuldzuweisung, Beschämung, Bedrohung und der Verpflichtung. Jegliche Anwendung von Druck ist also Gewalt, weil wir damit den anderen zwingen, etwas zu tun. Es ist eine Form von Machtausübung und als solche leider in jedem System verbreitet. Viele Aspekte unserer Unternehmenskultur, unserer Erziehung, im Sport und der formalen Ausbildung können im Licht dieser Definition als gewalttätig betrachtet werden.

Das Interesse eines jeden Menschen sollte sein, dem anderen zu dienen, ihn zu fördern und seine Bedürfnisse zu erfüllen, allerdings unter der Voraussetzung, dass es ihn selbst nicht zerstört. Wenn sich beide Partner dessen bewusst sind, wird das auch nicht passieren. Dann regiert die Ausgewogenheit zwischen Geben und Nehmen, was zu einem erfüllten Leben im Sinne Gottes führt. Die Realität sieht aber leider so aus, dass in den meisten Beziehungen das Prinzip »Auge um Auge, Zahn um Zahn« regiert.

Viele Menschen haben Angst davor, ausgenützt zu werden. Es mangelt ihnen an Vertrauen. Doch selbst wenn diese Befürchtung eintritt, hat man immer noch Gott mit seiner bedingungslosen Liebe auf seiner Seite. Menschen können enttäuschen. Daran wird sich nichts ändern, weil die bedingungslose Liebe keine menschliche Eigenschaft ist. Sie ist Gottes Eigenschaft. Er, der in uns lebt, kann durch uns in diese Welt kommen. Die selbstlose Liebe ist Gott selbst, und Gott kann man nicht ausnutzen! Gott hat alles und gibt uns alles.

Das bedeutet, wenn du Gottes Liebe empfängst, kannst du sie in einem höheren Maße weitergeben, als du es aus eigener Kraft je könntest. Er weiß, was wir brauchen, und gibt es uns. Was kann uns dann noch fehlen? Es sollte uns bewusst sein, dass wir dadurch alles haben und nichts verlieren können. Allein dadurch sind beide Seiten Gewinner. Wo und warum sollte da noch Raum für Konflikte sein? Je mehr man von Gott empfängt, desto mehr kann man weitergeben – was für ein bereicherndes Prinzip!

Natürlich können wir diese Einstellung, selbst wenn wir sie einmal verstanden haben, oft nicht permanent umsetzen. Es geht aber, wie so oft, in erster Linie um das Wollen, und um das Bemühen um die richtige Kommunikation – eine gewaltfreie Kommunikation, die dazu beiträgt, wertschätzende Beziehungen zu entwickeln, welche wiederum mehr Kooperation und gemeinsame Kreativität im Zusammenleben ermöglichen.

Kapitel 14

Vom Richten und Urteilen

Das Richten und Urteilen über andere ist wohl einer unserer größten Schmerzträger überhaupt. Jesus sagte sinngemäß: »Wenn du auf jemanden zornig bist, unterliegst du dem Urteil!« Das bedeutet nichts anderes, als dass man Zorn ernten wird, wenn man ihn sät. Was Zorn, Ärger und Verbitterung in uns auslösen können, ist den meisten von uns gar nicht bewusst. Sie schaffen nicht nur im zwischenmenschlichen Umgang viele Probleme, die weite Kreise ziehen können. Sie können auch Krankheiten verursachen.

Ich hatte, wie bereits erwähnt, jede Menge Symptome, wie Morbus Bechterew, eine schwere Augenentzündung, ein Magengeschwür, Burnout, Depression und später auch noch Darmkrebs. Von einigen Schmerzen wurde ich durch spontane Gebetserhörung befreit, aber andere Symptome waren hartnäckig und um diese aufzulösen, musste ich bis an die Wurzel ihrer Ursachen gehen. Ich musste mich dem Kreislauf meiner verschmutzten Gedanken und Handlungen stellen, damit ich Heilung erfahren konnte.

Durch das, was wir denken und tun, sind Schmerzen meist unvermeidbar, aber wir können uns von ihnen befreien. Zu viele Menschen leiden darunter, so wie ich auch gelitten habe. Ich habe mich aber nie damit abgefunden. Mein größtes Verlangen und Bestreben war, von den Schmerzen frei zu werden.

Die Erkenntnis, dass die Ursachen für diese Schmerzen in der Vergangenheit und in meiner richtenden Herzenshaltung gegenüber so manchen Menschen lagen, war dafür ganz entscheidend. Ich wünsche mir wirklich sehr, dass durch dieses Buch viele Menschen lernen, wie sie von den Schmerzen der Vergangenheit frei werden und Leid in der Zukunft vermeiden können.

So wie die meisten Menschen hatte auch ich in meinem Leben kritische Muster, und hätte ich Jesus früher als erst mit 42 Jahren kennengelernt, hätte ich mir und meinen Mitmenschen sehr viel Leid, Schmerz und in weiterer Folge auch lange Irrwege erspart. Offenbar hatte Gott für mich aber einen anderen Weg vorgesehen – den des Spätberufenen … Umso mehr brennt in mir das Feuer der Leidenschaft, an meinem heutigen Wissen so viele Menschen wie möglich teilhaben zu lassen. Ich bin nicht stolz auf diese kritischen Muster, aber unsäglich dankbar für das, was ich daraus lernen durfte.

Ich lernte zwar einerseits, dass wir alles auf Gott werfen dürfen, allerdings können wir unsere Probleme aber nicht wegschieben, ohne sie uns anzusehen. Es ist unsere Aufgabe, die Ursachen ausfindig zu machen und unsere Fehltritte an der Wurzel zu verändern oder aufzulösen. Dadurch wurde ich wieder frei von all den vielen Schmerzen und Symptomen.

Erst durch die Beziehung mit Gott und seinem Wort konnte ich erkennen, wie die Situation früher bei uns zu Hause und im Betrieb war, nämlich angespannt und konfliktbeladen, weil ich Traudi und meinen Mitarbeitern gegenüber sehr aggressiv und verbittert sein konnte. Ausgelöst wurde das durch eines meiner kritischen Muster: das Urteilen. Wir alle sind es gewohnt, recht schnell zu beurteilen und zu verurteilen. Das ist einer der wichtigsten Störfaktoren für unsere emotionale Gesundheit und unser Glück. In Matthäus 7,1–2 steht: *»Richtet nicht, damit ihr nicht* *gerichtet werdet. Denn nach welchem Recht ihr richtet, werdet ihr gerichtet werden.«* Das bedeutet nicht, dass Gott seinen Zeigefinger erhebt, über uns urteilt und uns bestrafen wird. Es geht hier darum, dass die anderen Menschen uns richten werden, und das wird Auswirkungen haben.

Wir glauben immer sofort zu wissen, warum jemand auf eine bestimmte Art und Weise handelt oder sich verhält. Wie anmaßend das ist, vor allem dann, wenn wir keinerlei Hintergründe kennen, ist uns meist überhaupt nicht bewusst. Schon wenn wir jemanden sehen, öffnen wir eine Schublade und stecken den Betreffenden hinein. Ein Mensch, der uns zum Beispiel arrogant und unnahbar erscheint, ist in Wahrheit vielleicht unsicher und hat nur eine große Mauer um sich herum aufgebaut. Wer in den Tag hinein schläft, gilt schnell als faul. Wir wissen aber nicht, ob er nicht vielleicht die ganze Nacht und viel mehr gearbeitet hat als wir selbst. Wenn uns ein Mensch langweilig oder launisch erscheint, ist er vielleicht traurig und hat große Probleme. Wir können es einfach nicht wissen. Ein schönes indianisches Sprichwort besagt:»Urteile nie über einen anderen, bevor Du nicht einen Mond lang in seinen Mokassins gelaufen bist.« Man muss also zuerst in den Schuhen des anderen laufen, um beurteilen zu können, wie man darin geht. Genau so ist es. Niemand außer Gott kann beurteilen, warum jemand so ist, wie er ist, oder so handelt, wie er es tut.

Und dennoch haben wir meist überhaupt keine Bedenken oder Skrupel, mehrmals täglich Gott zu spielen, und dabei scheuen wir uns auch gar nicht, noch über ihn hinauswachsen zu wollen. Das Urteilen ist nämlich auch der erste Schritt zur Kontrolle. Wenn das die Methode Gottes wäre, könnte er mit einer Entscheidung seinerseits alle Probleme der Welt lösen. Weil er uns aber so sehr liebt, lässt er allen Menschen die Freiheit, sich zu entscheiden.

Verurteilen und kontrollieren – das sind zwei der menschlichen Lieblingssportarten, nicht aber Gottes. Er beraubt uns nicht unserer Freiheit, wir uns hingegen schon. Wenn sich jemand unserem Willen beugen muss, oder umgekehrt, erzeugt das Stress und macht bewegungsunfähig. Wir agieren, aber nicht mehr aus freiem Herzen, sondern aus Verpflichtung heraus und oft auch aus Angst, etwas zu verlieren. Wir tun Dinge, weil wir sie tun müssen, und das kann schädlich sein, doch darauf werde ich ausführlicher im Kapitel »Wie sich mein Herz veränderte« eingehen.

Ich habe zwar nicht nur Traudi verurteilt und kontrolliert, sondern auch viele andere Menschen, aber besonders oft war meine Frau das Opfer. Die täglichen Aufgaben – Kindererziehung, Haushaltsführung, Buchhaltung und Arbeiten auf dem Bauernhof – unter einen Hut zu bringen, war nicht immer einfach für sie. Und doch wurde ich oft aggressiv, wenn das Essen nicht pünktlich auf dem Tisch stand. Generell konnte ich es einfach nicht hinnehmen, wenn Traudi – oder jemand anders – nicht nach meiner Pfeife tanzte. Jeden, der sich meinem Wort widersetzte, verurteilte ich.

Es passierte dann zwangsläufig, dass nach dem Urteil die Belehrung darüber folgte, wie der jeweilige Betroffene die Dinge in Zukunft besser machen könnte, und um sicher zu gehen, dass er das auch tat, musste ich ihn natürlich kontrollieren – ein vorprogrammierter Teufelskreis, der mich lange gefangen hielt.

Dabei bedachte ich nicht, dass wir für jedes Urteil eine Reaktion bekommen, und zwar nicht nur von den betroffenen Menschen selbst. Diese Energie richtet sich einfach gegen uns. Das, was ich jemandem entgegenbringe, bekomme ich zurück, auf direkte oder indirekte Weise. Wenn ich einem Menschen mit Ablehnung begegne, werde ich Ablehnung erfahren. Wenn ich ihm mit Verständnis und Liebe begegne, werde ich verständnisvoll und liebevoll behandelt. Wie ich andere sehe, ist ein Spiegelbild dessen, wie ich mich sehe. Mein Herz bestimmt, wie ich mich und die Menschen wahrnehme. In Sprüche 17,20 heißt es: »*Ein verkehrtes Herz findet nichts Gutes.*«

Das ist wie das Gesetz der Saat und Ernte, das auch ich immer wieder zu spüren bekam. Wenn ich andere verurteilte und kritisierte, schlug mir dieses Verhalten postwendend ins Gesicht, und meist in noch stärkerem Ausmaß. Wenn ich aber Verständnis zeigte, wurde auch ich liebevoll angenommen, und zwar in überfließendem Maße. Dabei durfte ich auch lernen, die menschlichen Reaktionen von Gottes Reaktionen zu unterscheiden.

Früher dachte ich tatsächlich, dass nichts von alldem, was mir passierte, etwas mit mir zu tun hätte. Doch die Wahrheit ist, dass alles, was uns geschieht, auch etwas mit uns zu tun hat. Wir bekommen die Ernte unserer Saat immer zurück. Die Beschaffenheit meines emotionalen Lebens und meines Gesundheitszustandes hatte also immer schon mit der Beschaffenheit meiner Beziehungen und Begegnungen zu tun.

Nach und nach durfte ich lernen, mich in die Beobachterrolle zurückzuziehen, anstatt zu urteilen. Dabei wurde mir auch bewusst, dass oft meine eigene Angst und mein niedriges Selbstwertgefühl die Ursachen für das Urteilen und Richten waren. Es lag also gar nicht am Verhalten der anderen, sondern daran, welche Reaktion es in mir auslöste. Und die Ursachen dafür lagen in mir. Je mehr ich das erkannte, desto mehr wuchs in mir der Wunsch, den Menschen mit Liebe zu begegnen und mit ihnen in Frieden zu leben.

Es war nicht meine Aufgabe, die anderen zu verändern, sondern mich selbst. Wenn wir uns verändern, verändert sich alles. Auch die Menschen um uns herum. Man kann nicht in Frieden leben und gleichzeitig andere verändern wollen. Das passt nicht zusammen. Darum gab es auch so viele Auseinandersetzungen mit meinem Umfeld. Ich wollte zwar nur das Beste für die jeweiligen Menschen, aber so kam das nie an. Man schätzte mein Engagement auch nicht. Im Gegenteil: Wegen meiner »guten Ratschläge« gab es nur Streitereien. Jesus warnt uns diesbezüglich auch, indem er sagte, dass wir uns nur um unsere eigenen Probleme kümmern sollen. In dem Moment, wo ein Mensch denkt, dass er die Fehler eines anderen besser sehen kann als die eigenen, wird er zum Heuchler. So wie ich.

Um mich nicht selbst anzuklagen, war es dann wichtig zu lernen, auf Jesus zu schauen und nicht auf meine Mitmenschen. In Jeremia 31,34 sagt Gott: »... *ich will ihnen ihre Missetat vergeben und ihrer Sünde nimmermehr gedenken.*« Wenn Gott nie mehr an unsere Sünden denkt, warum und wieso sollte er uns daran erinnern? Nicht ein einziges Mal sagt die Schrift, dass er unsere Fehler hervorheben wird.

Den größten Dienst, den ich anderen und mir selbst erweisen konnte, war also, mich um mich selbst zu kümmern – Gott also an mir arbeiten und mich von ihm verwandeln zu lassen. Lieben, annehmen und ermutigen ist um so viel überlegener, als Fehler finden, verurteilen und verändern zu wollen. Mit diesem Wissen arbeite ich noch heute an mir, und es gelingt mir immer öfter, andere nicht zu verurteilen und zu beschuldigen. Der Philosoph und Theologe Albert Schweitzer sagte einmal: »Ein Beispiel zu sein ist nicht die Hauptsache in der Beeinflussung anderer, es ist die einzige Sache.« Wenn ich mir also Veränderung bei anderen wünsche, kann ich nur bei mir selbst beginnen.

Das zeugt nicht nur von Weisheit und einem großen Herz, sondern fördert auch das gegenseitige Kennenlernen. Erst als ich meine Frau freigeben konnte, war ich imstande, sie besser und tatsächlich kennenzulernen. Unglaublich eigentlich, nach so vielen Jahren Ehe, aber genau das ist der Punkt. Oft sind Welten zwischen dem, was man zu sehen oder zu wissen glaubt, und dem, wie es wirklich ist. Die eigene Sichtweise verzerrt meist die Realität. Den anderen anders sein zu lassen kann auch eine ganz große Bereicherung für uns selbst sein, wenn wir es zulassen. Wir alle können voneinander lernen und wenn wir uns in Freiheit und Liebe begegnen, steigt automatisch die Wertschätzung. Allein dadurch verändert sich alles. Wer führt schon gerne Befehle von herrischen Menschen aus? Niemand! Jemandem, den man schätzt und liebt, wird man aber alle Wünsche von den Augen ablesen wollen. Das ist ebenso logisch wie mitunter schwierig umzusetzen. Ich habe mich entschieden und wurde so sehr viele Probleme und vor allem meine Schmerzen los.

Dass es so lange gedauert hat, bis ich von meinen Depressionen und dem Darmkrebs geheilt wurde, hatte damit zu tun, dass ich viel zu lange in meinem alten Verhalten verhaftet war. Erst als ich die Bereitschaft hatte, mich von Gott in eine neue Person umgestalten zu lassen, wurde ich davon befreit. Gott lädt uns jederzeit ein, in seine Realität und in sein Reich hineinzukommen. Wann wir uns dafür entscheiden, liegt ganz an uns.

So lange mein Herz nicht auf seine Wahrheit ausgerichtet war und ich in falschen Vorstellungen lebte, konnten Gottes Prinzipien bei mir nicht wirken. Stattdessen regierten in mir Angst und Selbstsucht. In diesem Zustand können wir so viel beten wie wir wollen, aber es wird nichts nützen, weil das Leid gar nicht verschwinden kann, wenn die Ausrichtung nicht stimmt.

Als ich mein Denken erneuerte, hieß das nicht, dass ich nie wieder einen schlechten Gedanken hegte. Es ging darum, dass ich durch Jesus in mir eine neue Identität erlebte, nämlich dass ich vor ihm gerecht war – so wie Gott mich schuf. Ich lernte Gott auch so kennen, wie er wirklich ist: als Gott der bedingungslosen Liebe und nicht als strafenden Herrn. Das half mir dabei, vom Urteilen über die Vergangenheit frei zu werden, weil ich die Dinge nun anders sehen konnte.

Wenn zum Beispiel meine Emotionen aufgrund der Speicherdaten aus der Vergangenheit außer Kontrolle gerieten, wurde ich von etwas dominiert, das in Wahrheit nicht existierte. Ich wurde von einer Assoziation oder dem, was jemand vielleicht dachte, zornig gemacht, fühlte mich bedroht oder verletzt.

Solange negative Gefühle aus der Vergangenheit die Oberhand hatten, gab ich den Menschen, die sie verursachten hatten, die Kontrolle über mich – und gleichzeitig auch jenen, die so etwas wieder auslösen könnten. Durch meine neue Sichtweise hängt das Glück meiner Zukunft nun aber nicht mehr von anderen ab. Ich habe gelernt, mich von dieser Kontrolle durch Fragen zu befreien.

Unabhängig davon, ob mein Misstrauen gerechtfertigt war oder nicht, habe ich mir dadurch schon oft schmerzvolle Erfahrungen erspart – ganz einfach weil ich mich weigerte zu urteilen. Mit der Zeit durfte ich auch immer mehr wahre Freundschaften von den Gefahren falscher Freunde unterscheiden. Nur ein unbewusster Mensch achtet nicht darauf und hat dann auch die Folgen zu tragen. Heute kläre ich Situationen, die sich nicht gut anfühlen, sofort durch Fragen. Das bringt Klarheit und vertreibt diffuse Gefühle.

Ich bin Gott sehr dankbar dafür, dass ich Freude und Frieden in mir prüfen und so herausfinden kann, ob ich den richtigen Weg gehe. Gott schenkt jedem, der sich für ihn entscheidet, den Heiligen Geist. Somit müssen wir nicht zu anderen gehen, um ihn dort zu suchen. Er lebt in jedem von uns. Durch meine lebendige Beziehung zu Gott muss ich mich nicht von anderen Menschen geistlich manipulieren lassen.

Wir sind alle Kinder sowie Diener Gottes und somit vor ihm gleichgestellt, auch die geistlichen Leiter. Niemand hat das Recht oder Privileg, sich in das Leben anderer einzumischen oder dort Macht auszuüben. Die Aufgabe der geistlichen Leiter ist es, den Menschen zu dienen, den Heiligen Geist können sie nicht ersetzen. Wenn geistliche Führungspersonen die Grenzen anderer überschreiten und versuchen, sie zu kontrollieren, dienen sie ihnen nicht mehr. Sie können ihnen zwar Gedanken und Lehren mitgeben, aber letztlich dürfen die Menschen selbst entscheiden, wie sie ihr Leben und ihre persönliche Beziehung mit Gott führen möchten.

Wenn wir uns von anderen Menschen kontrolliert fühlen, dürfen wir nicht über ihre Motive urteilen, sondern sollten einfach erkennen, dass wir ihnen zu viel Einfluss in unserem Leben erlaubt haben. Das ist also unsere Verantwortung, ganz egal, welche Absicht der andere hatte oder hat. Den Platz der Führung sollten wir immer nur Jesus geben. Er möchte uns nicht kontrollieren, nur lenken, und das zu unserem Besten.

Weil wir in Jesus gerecht sind, sind wir von ihm geliebt und angenommen. Durch diese Gefühle der Liebe, der Sicherheit und des Friedens können wir durch Gott ein Leben der Transformation und Heilung führen.

Kapitel 15

Die Ego-Falle

So tickt das Ego

Wie ich bereits im Kapitel »Erste Schritte zur Selbstliebe« erwähnt habe, war mein Ego die größte Falle, und das ist bei den meisten Menschen so. Es ist in Relation zur Selbstliebe meist überdimensioniert ausgeprägt und wird zu allem Überfluss mit dieser auch noch verwechselt. Das zu erkennen und zu korrigieren ist wohl die größte Hürde in unserem Leben. So ging es jedenfalls mir.

Aber wenn wir uns Gott einmal anvertraut haben, können wir sicher sein, dass er uns zur Seite steht und hilft. So spielte er mir ein Buch in die Hände, durch das ich enorm viel gelernt habe. Es ist nicht groß und nicht dick, aber es hat es in sich. Das Buch heißt *Vom Glück, SELBSTlos zu leben* von Timothy Keller, und daraus möchte ich dir einige Auszüge und meine Sichtweise dazu weitergeben.

Grundsätzlich ist das Ego aufgeblasen und aufgebläht, nichts steht in seinem Zentrum. Es ist leer! Die Leere und die Sinnlosigkeit sind das Naturell des Egos. Das Problem dabei ist, dass alles, was man tut, in dieser Leere ganz schnell verpufft. Sie ist also nie zu füllen und somit kann nie eine Zufriedenheit entstehen. Selbst wenn man etwas findet, das uns dem Ego nach sinnvoll erscheint, wird das immer nur temporär sein. Denn auch der Sinn verpufft in seinen Abgründen ebenso schnell wie die Zufriedenheit. Es ist also ständig rast- und ruhelos, unersättlich und es schmerzt uns. Dadurch macht es uns zu Getriebenen.

Der Philosoph Sören Kierkegaard schreibt in seinem Buch *Die Krankheit zum Tode*, dass es der Normalzustand des menschlichen Herzens sei, zu versuchen, seine Identität auf etwas anderes zu bauen als auf Gott. Stolz im geistlichen Sinn ist die Illusion, wir wären in der Lage, unser Leben selbst in die Hand zu nehmen, uns selbst unseren eigenen Wert zu beweisen und einen Lebensinhalt zu finden, der unserem Leben einen Sinn gibt, und wir bräuchten dafür keinen Gott. Das natürliche menschliche Ego, sagt Kierkegaard, baut auf irgendetwas, nur nicht auf Gott. Es sucht etwas, das ihm das Gefühl gibt, etwas wert zu sein, etwas Besonderes zu sein und einen sinnvollen Zweck zu haben, und darauf baut es.

Das erste Kennzeichen des Egos ist also: Es ist leer. Und zweitens ist es voller Schmerz. Ein aufgeblasenes und aufgeblähtes Herz verursacht Schmerzen. Auch unser Körper schmerzt uns, um aufzuzeigen, dass mit ihm etwas nicht stimmt. Er verlangt nach Aufmerksamkeit, wenn etwas nicht in Ordnung ist. Das Ego schmerzt uns oft, und zwar deswegen, weil damit permanent etwas falsch läuft. Es verlangt ständig nach Aufmerksamkeit, jeden Tag aufs Neue. Es lässt uns darüber nachdenken, wie wir aussehen oder wie man uns behandelt. Dabei trügt es uns gerne.

Wer hat zum Beispiel noch nie den Satz gesagt: »Jemand hat meine Gefühle verletzt!«? Aber Gefühle können gar nicht verletzt werden. Was verletzt ist und schmerzt, ist unser Ego – unser Sinn für unser selbst, alles, womit wir uns identifizieren, unser gedanklich konstruiertes Selbstbild. Der spirituelle Lehrer Eckhart Tolle nennt es das »gedankliche Ich-Gebäude«, das die Illusion ist, wenn wir über das »Ich« sprechen. Um sich als Ich-Gebäude zu erhalten, braucht es den Konflikt, die Probleme und die Anerkennung von anderen.

Ein interessanter Spruch besagt: »Wir kaufen Dinge, die wir nicht brauchen, von Geld, das wir nicht haben, um Menschen zu beeindrucken, die wir nicht mögen.« Das ist völlig verrückt und dennoch tun wir es, weil uns das Ego dazu treibt. Wir verlieren uns an die Dinge dieser Welt und damit verlieren wir auch den Halt, werden immer ruheloser. Rastlosigkeit ist das dritte Merkmal des Egos – es ist ständig auf der Jagd nach Aufmerksamkeit. Es ist so wahnsinnig damit beschäftigt, die Leere zu füllen, und in erster Linie geschieht dies durch Vergleiche und ein Sich-Aufspielen. Das Ego muss sich ständig und immer mit anderen vergleichen. Das fordert und fördert den Stolz, dessen Wesen der Wettbewerb und sein eigentlicher Kern die Konkurrenz ist. Erinnere dich daran, dass ich durch meinen Stolz und einen einzigen Satz, der ihn anstachelte, fast das Unternehmen verloren hätte.

Es ist einfach so, dass der Stolz von der Konkurrenz mit anderen lebt, und der Hochmut erfreut sich nicht an dem, was er hat, sondern daran, dass er mehr hat als ein anderer. Wir sagen, die Menschen seien stolz auf ihren Reichtum, ihre Klugheit oder ihre Schönheit. Aber das ist nicht richtig. Sie sind stolz, weil sie reicher, klüger oder schöner sind als andere. Wären alle anderen genauso reich, genauso klug oder genauso schön, dann hätten sie keinen Grund mehr, stolz zu sein.

Wenn wir aber jemanden treffen, der noch reicher, klüger oder schöner ist, dann verlieren wir die Freude daran. Und zwar aus dem einfachen Grund, weil wir daran gar keine Freude hatten. Wir glauben also etwas zu verlieren, das wir nie besaßen. Wir waren nur stolz darauf. Stolz ist die vermeintliche Freude daran, mehr zu sein oder zu haben als der Mensch neben mir. Stolz zerstört sogar die Fähigkeit, irgendeine Freude zu empfinden. Was für ein armseliges Dasein doch dieses Ego führt, und dennoch beherrscht es uns.

Es ist also nicht nur leer, voller Schmerz und rastlos, es ist auch zerbrechlich. Das liegt daran, dass alles, was aufgeblasen ist, stets in Gefahr ist zu zerplatzen – wie ein zu stramm aufgeblasener Luftballon. Ein Überlegenheitskomplex und ein Minderwertigkeitskomplex laufen im Übrigen auf das Gleiche hinaus. Beide sind das Ergebnis von Aufgeblasenheit, auch wenn die Luft schon draußen ist.

Die Sängerin Madonna ist ein Paradebeispiel dafür, wie Ego funktioniert, und da sie über die Jahre viel Selbsterkenntnis erlangt hat, sprach sie das bereits vor längerer Zeit in einem Interview mit der Zeitschrift »Vogue« auch an. Sie sagte: »Mein Antrieb im Leben erwächst aus meiner Angst, mittelmäßig zu sein. Die Angst treibt mich immer voran. Ich überwinde einen Anflug davon und entdecke, dass ich etwas Besonderes bin, aber dann fühle ich mich wieder mittelmäßig und uninteressant, und ich muss etwas Neues machen. Ich bin zwar jemand geworden, aber ich muss mir immer noch beweisen, dass ich jemand bin. Dieser Kampf war noch nie zu Ende und wird es vermutlich auch nie sein.«

Wenn sie also etwas erreicht hat, denkt sie so etwas wie: »Jetzt habe ich die Bestätigung dafür, dass ich jemand bin. Aber am nächsten Tag wird mir klar: Wenn ich nicht dranbleibe, stimmt das gar nicht. Mein Ego ist nie zufrieden. Meine Sehnsucht, mich wertvoll zu fühlen, mein Bedürfnis, sicher sein zu können, dass ich jemand bin – sie werden nie erfüllt. Ich versuche mir zu sagen, ich hätte all das aus dem gewonnen, was die Zeitungen schreiben. Aber am nächsten Tag muss ich anderswo suchen. Warum? Weil mein Ego unersättlich ist. Es ist ein schwarzes Loch. Egal wie viel ich hineinstopfe, wie sehr ich es füttere, am Abend ist es leer. Ich bin jemand geworden – aber ich muss noch immer jemand werden.«

Vielleicht ist man nun geneigt, Madonna für neurotisch zu halten. Tatsache ist jedoch, sie kennt sich selbst. Das hat sie den meisten von uns voraus. Das ist der Normalzustand der Menschen. Davon sind auch die Gläubigen aus dem Neuen Testament nicht ausgenommen. Es reichte den Korinthern nicht, dass sie den Apostel Paulus kannten, sie mussten sich damit rühmen, eine besondere Beziehung zu ihm zu haben und dadurch vermeintlich besser zu sein als andere. Sie waren unfähig, sich einfach nur zu freuen, sie mussten stolz sein.

Verändertes Selbstbewusstsein

Paulus selbst erinnerte sie daran, dass er ein Diener Gottes war und eine Aufgabe zu erfüllen hatte. Aber dann ließ er die Gemeinde wissen, dass ihm ihr Blick auf diese Rolle ziemlich egal sei, so wie irgendein Urteil eines menschlichen Gerichts über ihn. Das Wort, das hier mit »urteilen« übersetzt ist, hat den gleichen Stamm wie das Wort »Verdikt, Urteilsspruch«. Es ist das, wonach Madonna sich sehnt – nach diesem schwer zu fassenden Urteil oder Stempel der Anerkennung.

Paulus sagte den Korinthern also, es sei ihm egal, was sie von ihm hielten. Es sei ihm egal, was irgendjemand von ihm hielte. Seide Identität war nicht dem zu verdanken, was die Leute sagten. Es ist, als ob er sagte: »Es ist mir egal, was ihr denkt. Es ist mir egal, was irgendjemand denkt.« Paulus bindet seinen Selbstwert, seine Selbstachtung, seine Identität nicht im Geringsten an das Urteil und die Bewertung durch andere.

Für die meisten Menschen ist das unvorstellbar, und auch für mich ist es noch heute nicht ganz so umzusetzen, wie ich es gerne hätte. Da wir aber auf dieser Welt sind, um zu lernen, dürfen wir nicht aufgeben und müssen uns immer wieder bemühen, und dadurch verändern sich die Dinge – jeden Tag ein bisschen mehr.

Dazu brauchen wir natürlich auch Wegweiser, und einer findet sich in der Antwort zu der Frage »Wie kommen wir an den Punkt, an dem wir nicht mehr von dem kontrolliert werden, was andere über uns denken?«

Die meisten Psychologen oder Seelsorger haben bei dieser Frage oft den Rat parat, das Einzige, was zähle, sei, was wir von uns selbst halten. Wir sollten uns nur um uns und unsere eigenen Maßstäbe kümmern und diese sorgfältig wählen. Wenn jemand in unserer Welt ein Problem mit zu geringem Selbstwert hat, dann gibt es anscheinend nur einen Weg und der ist: diesen Mangel mit einem hohen Selbstwertgefühl zu kurieren. Dem Betreffenden wird gesagt, er müsse nur erkennen, wie großartig er sei, welch wunderbarer Mensch er sei und dass er aufhören solle, sich darum zu kümmern, was andere Leute über ihn sagten.

Die Sicht von Paulus dazu könnte unterschiedlicher nicht sein. Er will noch nicht einmal über sich selbst urteilen, als wolle er sagen: »Es ist mir egal, was ihr denkt – und es ist mir sogar egal, was ich denke. Ich habe keine hohe Meinung von eurer Meinung, und ich habe keine hohe Meinung von meiner Meinung über mich.« Dabei spielt es gar keine Rolle, dass er ein reines Gewissen hat. In Vers 4 sagt er: »*Ich bin mir zwar keiner Schuld bewusst, aber dadurch bin ich noch nicht gerechtfertigt*« (1Kor 4,4 NEÜ). Ein reines Gewissen kann auch einfach nur aus einer Unbewusstheit für Fehler entstanden sein und bedeutet gar nichts. Wie oft machen wir die unmöglichsten Dinge, die uns danach Leid tun oder für die wir uns sogar schämen, nur weil uns gar nicht bewusst war, was wir taten.

Was würde Paulus also jemanden antworten, der ihm riete, nach seinen eigenen Maßstäben zu leben? Er würde sagen: *Das ist eine Falle.* Eine Falle, in die er nicht tappen würde. Es ist eine Falle, wenn wir sagen, wir sollten uns nicht um die Maßstäbe anderer Leute kümmern, sondern uns selbst Maßstäbe setzen. Das ist keine Lösung. Unseren Selbstwert aufzupäppeln, indem wir unseren eigenen Ansprüchen oder denen anderer gerecht werden, klingt wie eine großartige Antwort. Aber sie hält nicht, was sie verspricht. Sie kann es gar nicht.

Wer nämlich das Urteil anderer oder das eigene Urteil über sich selbst mit seiner Identität verbindet, ist schon in die Ego-Falle getappt. Sind die Urteile gut, machen sie uns stolz und das Ego will noch mehr. Sind die Urteile schlecht, verlieren wir unser Selbstvertrauen und fallen in einen Mangelzustand. So oder so, das Ego kann einfach nicht zufriedengestellt oder erfüllt werden. Es ist unmöglich!

Mit der Aussage von Paulus: »Es ist mir egal, was ihr denkt, und es ist mir egal, was ich denke«, kann man aus dem Ego-Programm aussteigen. Wenn man weder die gute noch die schlechte Tat auf sich selbst bezieht, wenn man dem also weder Wertigkeit noch Aufmerksamkeit schenkt, dann kommt man in die Demut. Echte Demut im Sinne des Evangeliums bedeutet, dass man aufhört, jede Erfahrung, jedes Gespräch auf sich selbst zu beziehen. Man hört dann schlicht auf, sich mit sich selbst zu beschäftigen. Es ist die Freiheit der Selbst-Vergessenheit, der Selbst-Losigkeit. Das ist der tiefe Frieden, den nur die Selbst-Losigkeit mit sich bringt.

Vielleicht liest sich das für den einen oder anderen so, als würde man sich selbst dadurch verlieren. Es ist aber das Gegenteil der Fall: Man verliert das Ego, aber nicht sich selbst. Diese Art der Demut ist erfüllend; dazu braucht man dann kein aufgeblasenes Ego mehr, kein übersteigertes Selbstwertgefühl und auch keinen zerstörerischen Selbsthass. Wenn das Ego keine Aufmerksamkeit mehr erfährt, dann stirbt es, und das ist die Befreiung eines jeden Menschen. Ein wirklich demütiger Mensch ist selbst-los.

Praktisch sieht das dann so aus: Ein selbst-loser Mensch lässt sich nicht durch Kritik verletzen. Kritik vernichtet ihn nicht, bereitet ihm keine schlaflosen Nächte, quält ihn nicht. Warum nicht? Weil ein Mensch, den Kritik niederschmettert, viel zu viel Wert darauf legt, was andere von ihm halten. Ein selbst-loser Mensch hört sich Kritik an und versteht sie als Chance zur Veränderung. Was für ein Vorteil! Keine Selbstzerfleischung mehr, kein Grübeln, kein Hass gegenüber den Kritikern und auch nicht gegen sich selbst.

Und wie schön wäre doch ein Zustand, in dem man nicht mehr nach Anerkennung und Erfolg hungern müsste, wenn man sich über das Erreichte von anderen so freuen könnte, als hätte man es selbst erreicht. Wenn wir sich über Dinge freuen könnten, die so gar nichts mit uns selbst zu tun haben. Wäre das nicht eine Befreiung?

Das ist Demut im Sinne des Evangeliums: Das Glück der Selbst-Losigkeit. Nicht, wie in modernen Gesellschaften, höher von mir zu denken, oder, wie in traditionellen Gesellschaften, geringer von mir zu denken. Einfach weniger an mich denken!

Wie man diese veränderte Sicht von sich selbst erwirbt

Vermutlich denkst du jetzt: Das ist ja alles schön und gut, aber wie komme ich zu dieser Selbst-Losigkeit? Wie wirft man alte Muster denn über Bord? Die Gedankenveränderung, die ich weiter vorne im Buch bereits beschrieben habe, ist ein wesentlicher Eckpfeiler. Entscheidend sind die Sichtweise, das Erkennen und das Bewusstsein. Was wir bis jetzt gelernt haben, ist, was uns allen – ob Madonna, dir oder mir – ganz wichtig ist, und das ist das Urteil! Danach halten wir jeden Tag Ausschau. Dafür stellen wir uns jeden Tag ins Gericht. So funktioniert unsere Identität. Vor Gericht gibt es die Vertreter der Anklage und die Verteidiger. Und alles, was wir tun, liefert entweder der einen oder der anderen Seite Beweismaterial. An manchen Tagen gewinnen wir den Prozess, an anderen verlieren wir ihn. Paulus hat damals für sich beschlossen, dass der Prozess zu Ende ist. Er hat den Gerichtssaal verlassen. Damit war es vorbei. Wir sollten das Gleiche tun.

Wir können den Gerichtssaal verlassen, denn das letztgültige Urteil wurde ohnehin schon gesprochen. Nur Gottes Urteil ist entscheidend. Nur seine Meinung zählt, und keine andere. Nicht die unserer Fans, nicht die unserer Gegner und auch nicht unsere eigene, nur das Urteil von Gott, und das ist bereits gefällt. Das bedeutet, dass das Urteil zu Lebensleistung und Lebensgestaltung führt und nicht umgekehrt. Es ist nicht so, dass man irgendetwas tun muss, um danach ein Urteil zu erhalten. In Römer 8,1 (HFA) heißt es: »Wer nun mit Jesus Christus verbunden ist, wird von Gott nicht mehr verurteilt.« Jesus ist für uns in den Gerichtssaal gegangen.

Im christlichen Glauben gilt: In dem Moment, in dem wir glauben, nimmt Gott die untadelige Lebensleistung von Christus und schreibt sie uns gut, als hätten wir sie erbracht; er nimmt uns als seine eigenen Kinder an, denn durch den Glauben an Jesus sind wir aus Gott geboren. Wir sind für ihn die gleiche Freude wie sein geliebter Sohn. Dadurch können wir es uns ersparen, irgendwelche Dinge zu tun, um damit glänzen zu wollen. Was wir tun, können wir aus purer Freude tun, und nicht etwa, um gut dazustehen oder vor Gott Pluspunkte zu sammeln. Die Freude kann unsere Leere füllen.

Alles andere, alle Etiketten, Orden, Titel oder was auch immer wir mit unserer Identität verbinden, ist Ego. In welchem Licht wir uns auch sehen oder präsentieren, was auch immer wir darstellen oder darzustellen versuchen, das Urteil wird nie gesprochen. Das ist das, was Madonna erkannte, und sie muss es wohl wissen, bei allem, was sie erreicht hat und darstellt. Und dennoch sagt sie, sie habe das endgültige Urteil, nach dem sie sucht, noch nirgends gefunden. Das kann niemand finden, weil uns im christlichen Glauben das Urteil selbst den Wert des Lebens gibt, und nicht umgekehrt. Das ist nichts, was wir wie eine Belohnung oder Strafe bekommen. Es gilt also: Das Urteil steht fest. Nun gestalte ich mein Leben auf der Basis dieses Urteils. Weil Gott mich liebt, weil ich Gott recht bin, muss ich nichts mehr tun, um meinen Lebenslauf aufzupolieren. Ich muss nichts mehr tun, um ein gutes Bild abzugeben, um jemandem zu gefallen. Ich kann das tun, was mir und anderen Freude macht. Ich kann helfen – nicht, um mich dadurch großartiger zu fühlen, nicht, um meine Leere zu füllen, sondern einfach nur der gegenseitigen Freude wegen.

Das ist die wahre christliche Identität, und die ist anders als jede andere Identität und auch anders als die der meisten Christen. Denn seien wir einmal ehrlich, wer führt denn schon ein derart selbst-loses Leben? Die meisten Christen gehen in die Kirche und führen ihr Leben so, dass sie irgendwie in den Plusbereich kommen – wenn überhaupt. Sie glauben, dass Gott ihnen irgendwann einmal ihre guten Taten anrechnen und über die schlechten hinwegsehen wird. Sie glauben, dass sie sich irgendwann vor Gott rechtfertigen werden müssen. Das entspricht aber nicht der Wahrheit. Das Urteil ist gesprochen. Wir können den Gerichtssaal verlassen. Anstatt uns mit uns als Person und mit dem, was wir tun, zu beschäftigen, sollten wir vielmehr darauf achten, unser Herz nach Gottes Werten auszustrecken.

Jeden Tag aufs Neue. Immer dann, wenn wir wieder geneigt sind, selbst zu urteilen oder auf das Urteil anderer zu schielen. Immer dann sollten wir uns sagen:»Was mache ich in diesem Gerichtssaal? Ich sollte nicht hier sein! Die Verhandlung ist beendet!«

Selbsterfahrung

Ich weiß natürlich aus eigener Erfahrung, dass solche Dinge, wenn man sie erst einmal verinnerlicht hat, leicht geschrieben und gelesen sind. Sie aber auch tatsächlich zu verstehen und umzusetzen, ist noch einmal etwas anderes. Verstehen ist ohnehin kaum möglich, weil das für unseren Verstand ganz schwer zu fassen ist. Es ist ja genau das Gegenteil von dem, was uns gelehrt wurde und wird. Es ist das Gegenteil von dem, was uns die Elternhäuser und die Kirchen vermitteln. Diese Worte – dieses Urteil Gottes, das ja nichts anderes ist als seine Liebe – müssen in unsere Herzen sickern. Das ist der einzige Ort, wo eine Veränderung hin zur Selbst-Losigkeit stattfinden kann.

Das Sickern dauerte bei mir etwas länger. Selbst als langjähriger Kirchengeher wusste ich gar nichts von diesem Urteil, und ich habe es auch nicht gleich begriffen. Genauso ging es mir mit der Selbst-Losigkeit. Man lernt doch von Kindesbeinen an, das Ego zu befriedigen, und plötzlich sollte das alles falsch gewesen sein? Noch dazu, wo es mir so viel Spaß machte, mein Ego ständig mit neuen Eroberungen zu füttern. Obwohl ich natürlich sah, wohin es mich geführt hatte, und obwohl ich vor dieser Leere, diesem tiefen, unersättlichen schwarzen Loch stand, hatte ich meine Zweifel. Das Urteil war gesprochen, das Ego konnte sterben … doch bis ich die Bedeutung und den Sinn dahinter wirklich begriff, vergingen Jahre.

Immer wieder hatte ich davon gehört, seitdem ich angefangen hatte, mich intensiv mit dem Evangelium, der Gnade Gottes und dem Geschenk Jesu auseinanderzusetzen. Da wurde mir bewusst, dass nur Gott diese Leere füllen kann. Dass ich ihm den ersten Platz in meinem Leben geben sollte. Keiner Frau, keinen materiellen Gütern, nur ihm. Es ist so einfach, und doch habe ich dafür so lange gebraucht.

Mit dieser Erkenntnis war mein Mangeldenken beendet. Gott füllte es aus. Die Suche hatte ein Ende. Ich hörte auf, mein Ego zu füttern. Stattdessen nährte ich meinen Geist mit Gottes Worten. Dadurch konnte ich auch das Urteil begreifen. Das Urteil ist gesprochen. Ich bin in Jesus gerecht. Diesen Satz schrieb ich mir auf den Spiegel und ich schrieb ihn auf diese kleinen gelben Post-it-Zettel, die ich überallhin klebte, auch ins Auto.

Das tat ich, weil ich es einfach nicht glauben konnte, dass ich vor Gott gerecht sein sollte. Das konnte ja gar nicht sein – versuchte mein Verstand mir einzureden. Ständig fand ich irgendwelche Gründe, um mich anzuklagen. Und dann fiel mein Blick wieder auf so ein Post-it. Es war ein regelrechter Kampf und auch dieser dauerte lang. Irgendwann war die Gnade Gottes jedoch stärker, und ich konnte diesen Urteilsspruch wie ein Geschenk annehmen.

Ich musste wohl auch erst lernen, dass dieses Urteil nicht mit einem Freibrief zu verwechseln ist. Als Mensch ist man natürlich geneigt zu denken: »Ah, fein, wenn Gott sein Urteil über mich ohnehin schon gefällt hat, wenn ich vor ihm gerecht bin, dann kann ich ja tun und lassen was ich will.« Grundsätzlich könnte man das, aber man wird es nicht mehr wollen. Wenn wir uns nach Gott ausstrecken, dann verändert er uns zum Guten. Abgesehen davon darf man auch das Gesetz von Saat und Ernte nicht außer Acht lassen. Das ist ein physikalisches Gesetz, so wie die Schwerkraft.

Man kann schon dafür beten, dass das Glas, wenn es von der Tischkante kippt, nicht auf den Boden fallen möge. Und doch wird es herunterfallen, weil das aufgrund der Schwerkraft einfach so ist. Genau so ist es mit schlechten Gedanken oder Taten, die wir aussenden oder vollbringen. Wir können dafür beten, dass wir diese Saat nicht ernten müssen, aber es wird vergeblich sein. Wenn uns das erst einmal bewusst ist, wollen wir ohnehin nichts Böses mehr tun.

Ich habe erkannt, dass die Sünden, die ich begangen habe, ganz schreckliche Auswirkungen auf mein Leben hatten. Die Sünde bringt immer Verwüstung und Zerstörung mit sich. Es ist aber nicht die Strafe Gottes, die uns verwüstet, sondern es ist das falsche Handeln dem gegenüber, der uns erschaffen hat. Bevor mir das bewusst wurde, dachte auch ich, dass Gott mir den Schmerz bereitete. Dabei habe ich mich einfach nur selbst verurteilt. So konnte ich rechtfertigen, warum es in Ordnung sei, an meinen Schmerzen zu leiden. Es dauerte lange, bis ich mir eingestehen konnte, dass ich zwar selbst der Verursacher meiner Schmerzen war, mich dafür aber auch selbst verurteilt hatte.

Ich weiß noch genau, welch große Erlösung es war, als ich erkannte, dass das Urteil schon gesprochen war, dass Jesus dafür am Kreuz bereits bezahlt hatte und ich dafür nicht mehr leiden musste. Wie oben bereits erwähnt, ist das noch nicht allzu lange her. Die Wahrheit ist, dass mehr von Gottes Gnade, mehr von seiner Kraft in uns ist, als es die Sünde jemals sein könnte. Wenn wir an die Kraft Gottes genauso stark glauben wie an die Macht der Sünde, kann sie niemals mächtig werden. Nur die Gnade Gottes ist die Kraft zur Veränderung.

Kapitel 16

Mit der Gnade Gottes lieben lernen

Wie ich bereits im vorigen Kapitel beschrieben habe, bestand einer unserer größten Fehler darin, dass wir immer dasselbe taten, zugleich aber eine Veränderung erwarteten. Wenn wir lieben lernen wollen, müssen wir genau so vorgehen, als würden wir das Geschick und die Fertigkeit irgendeines Berufes oder Handwerks erlernen. Wir müssen einerseits die Theorie und anderseits auch das Praktische erlernen und beherrschen. Nichts auf der Welt sollte für uns wichtiger sein, als die Kunst des Liebens zu erlernen. Erfolg und Geld dürfen nicht bedeutsamer sein.

In jedem von uns steckt das Bedürfnis, die Hände nach einem Menschen auszustrecken und uns zu vereinigen. Doch Liebe ist eine freie Entscheidung und darf niemals unter Zwang und Druck entstehen. Es ist eine Entscheidung und Aktivität, und in erster Linie ein Geben und nicht ein Empfangen. Das Geben hat für uns Menschen eine besondere Bedeutung. Im Akt des Schenkens erleben wir Stärke und verspüren Reichtum und Macht. Dieses Ereignis der Vitalität erfüllt uns mit Freude. Es fällt nicht schwer, die Richtigkeit dieses Prinzips zu sehen.

Der wichtigste Bereich im Geben liegt allerdings nicht im Materiellen, sondern im Zwischenmenschlichen. Was gibt ein Mensch dem anderen? Er gibt etwas von sich selbst, vom Kostbarsten, was er besitzt. Er gibt etwas von seinem Leben. Das bedeutet nicht unbedingt, dass er sein Leben für den anderen opfert, sondern, dass er ihm etwas von dem gibt, was in ihm lebendig ist. Er gibt etwas von seiner Freude, von seinem Interesse, von seinem Verständnis, von seinem Humor, von seiner Traurigkeit – von allem, was in ihm lebendig ist. Indem er dem anderen etwas abgibt, bereichert er ihn und steigert beim anderen ein Gefühl des Lebendig-Seins. Ein liebender Mensch gibt nicht, um etwas zu empfangen, das Geben an sich ist eine erlesene Freude. Indem er gibt, erweckt er im anderen etwas zum Leben, was wiederum zurückstrahlt auf ihn, denn wenn er wahrhaft gibt, wird er ganz von selbst etwas zurückbekommen. Zum Geben gehört, dass er auch den anderen zum Geber macht, und beide haben ihre Freude an dem, was sie zum Leben erweckt haben. Im Akt des Gebens wird etwas geboren, wofür beide Beteiligten dankbar sind.

Für die Liebe bedeutet dies: Die Liebe ist eine Macht, die Liebe erzeugt. Wir können Liebe gegen Liebe austauschen, Vertrauen gegen Vertrauen, usw. Daher ist es wichtig, dass Liebe Gegenliebe erzeugt. Wenn dein Leben in Liebe nicht Gegenliebe bewirkt, so ist deine Liebe ohnmächtig und macht dich unglücklich. Dieses Prinzip ist nicht nur in der ehelichen, familiären oder freundschaftlichen Liebe so, sondern gilt auch für Mitarbeiter in einem Unternehmen oder Mitglieder in einem Verein. Die Fähigkeit zur Liebe, die als Akt des Gebens verstanden wird, hängt von unserer Entwicklung ab. Dadurch werden wir so stark verändert, dass wir von unserer Selbstsucht frei werden, die nämlich andere ausbeutet.

Die Liebe ist nicht nur ein Geben, sondern ein »aktiver« Charakter, eine Fähigkeit, zu lieben, was zu Fürsorge, Verantwortungsgefühl, Achtung vor dem anderen und zu Erkenntnis führt. Denn Liebe ist eine tätige Sorge für das Leben und Wachstum des Partners, den wir lieben. Wenn die tätige Sorge fehlt, ist auch keine Liebe vorhanden.

Dieses Verantwortungsgefühl bezieht sich hauptsächlich auf die seelischen Bedürfnisse des anderen. Wir dürfen den anderen nicht beherrschen oder besitzen wollen, sondern müssen seine Einzigartigkeit wahrnehmen. Achtung vor dem anderen ist nicht möglich, solange wir den andern nicht wirklich kennen. Es sollte uns wichtig sein, was in unserem Partner vorgeht, welche Ängste und Schuldgefühle er hat. Wir sollten sein Herz kennen. Der einzige Weg, den anderen kennenzulernen, ist die Liebe. Durch die Bibel können wir uns im Spiegel anschauen und den Mangel an Liebe entdecken. So wird uns bewusst, dass die Basis für die Liebe eine lebendige Beziehung mit Gott ist. Denn auch mit Gott können wir das Erlebnis einer innigen Gemeinschaft erfahren.

Die Basis für das Erlernen der Kunst zu lieben besteht darin, dass Gott durch seine bedingungslose Liebe das Vakuum, das Loch in unserem Herzen, mit einem tiefen Gefühl der Liebe und des Angenommen-Seins füllt. Wenn wir glauben können, dass wir von Gott geliebt und angenommen sind, wird das Vakuum in unserem Herzen gefüllt, und erst dann können wir auch lernen, uns selbst zu lieben, mit einer Liebe, die im Gegensatz zur Selbstsucht steht. Und erst in weiterer Folge können wir unseren Ehepartner und unsere Mitmenschen lieben lernen und so eine ganz besondere Lebensqualität, Freude und Frieden in uns erleben. So werden wir die glücklichsten Menschen auf Erden.

Kapitel 17

Vom Ich zum Wir – auf dem Weg in die bedingungslose Liebe

Je freier ich von meinem Ego wurde, desto mehr wurde das Wir-Gefühl in unserer Ehe gestärkt. Da Traudi den Weg mit mir ging, trug sie natürlich genauso dazu bei. Wenn in einer Beziehung nur einer sein Ego loslässt und der andere darin noch verhaftet ist, könnte sich der Weg zur Erfüllung schwierig gestalten. So aber entließen wir uns aus unseren gegenseitigen Forderungen und hörten damit auf, einander nach unseren jeweiligen Vorstellungen und Bildern erziehen und umgestalten zu wollen. Durch diese Entflechtung, die man auch – im eigentlichen Sinn des Wortes Entwicklung – eine *Entwickelung* nennen kann, wurden wir frei, um uns gegenseitig wirklich lieben zu können.

Ganz wichtig war, dass Traudi und ich wieder begannen, einander als Geschenk Gottes wahrzunehmen – so wie uns das die christlichen Ehepaare bei den Veranstaltungen und Seminaren empfohlen hatten. Nun waren wir bereit dazu und hatten alle anderen notwendigen Schritte für diesen Prozess unternommen. Wir sahen uns als Geschenk, so wie die Liebe, die zwar auch eine Entscheidung ist, aber vielmehr ein Präsent. Man muss sich Geschenken aber auch bewusst sein und sie annehmen können. Zu vieles sehen wir als Selbstverständlichkeit – ganz besonders das, was sich in unserer nächsten Umgebung befindet. Das Geschenk Traudi hatte noch dazu den Symbolcharakter Gottes, zumal unsere Liebe bei der Ostermesse in der Kirche begann.

Diese magischen Momente vergisst man aber im Laufe der Zeit, wenn sich die Gewöhnung einschleicht und das Bewusstsein für das Besondere verloren zu gehen droht. Hinzu kommt, dass Traudi und ich ganz unterschiedliche Persönlichkeiten sind, so wie alle Männer und Frauen (und Menschen generell). Das kennen wir alle. Wir wissen auch, dass diese Unterschiede im Alltag oftmals zu Problemen führen, insbesondere dann, wenn man auch noch im Unternehmen zusammenarbeitet und mehr oder weniger 24 Stunden gemeinsam verbringt. In diesem Fall sind von beiden Seiten besonders viel Empathie, Verständnis und Liebe gefragt. Das war uns zum Zeitpunkt unserer vorübergehenden Trennung leider nicht mehr gelungen. Dass wir heute in Liebe und Gesundheit als glückliches Paar zusammenleben, verdanken wir nur der Gnade Gottes. Sie war und ist der Schlüssel zu unserem Eheglück.

Ich durfte in den letzten 20 Jahren so viele Wunder erfahren. Allein die Tatsache, dass ich heute noch mit Traudi zusammen bin, dass wir gesund und in Liebe leben, ist ein großes Wunder. Wir haben gelernt, dass wir unsere Ängste und Sorgen auf Gott werfen und uns für seinen Segen öffnen können. Er war und ist es, der die Einheit in unserer Ehe herstellte und auch bewahrt. Er ist der Dritte in unserem Bund. Eine dreifache Schnur reißt nicht so leicht ab.

Dass Gott in unserer Beziehung an erster Stelle steht, nimmt Traudi nichts von ihrer Wichtigkeit für mich. Im Gegenteil: Erst dadurch, dass die Leere von ihm gefüllt wurde, erfuhren mein Hunger nach anderen Frauen und das ständige Liebesbedürfnis eine grundlegende Stillung. So konnte ich meine Ehefrau wieder lieben und schätzen. Wir lernten mit und von Gott, was das Modell der bedingungslosen Liebe bedeutet: Sie nimmt das Gegenüber bedingungslos an, steht treu zu ihm und lässt sich nicht erbittern.

Diese besondere Art der Liebe ist nicht in den Vorzügen oder gar Äußerlichkeiten des geliebten Menschen begründet. Sie kommt vielmehr aus einem freien Herzen. Es ist diese Liebe, mit der uns Gott beschenkt, wenn wir um sie bitten. Das kann aber erst geschehen, wenn wir unseren Mangel überhaupt eingestehen. Dann wird er ihn ausfüllen, und zwar mit der Liebe, die wir dann auch weitergeben können. Bedingungslos – so gut wir das als Menschen eben können. Es ist wohl ein lebenslanger Lernprozess, aber fest steht: Solange man im Ego und somit im Mangelzustand ist, ist es völlig unmöglich, sich auch nur auf den Weg dorthin zu machen.

Ich wollte nicht mehr meinem Ego gehorchen und auch nicht den Menschen, sondern nur noch Gott. Für mich war und ist klar, dass nur er wirklich verändern kann. Es ist so wichtig, dieses Wissen auch praktisch anzuwenden. Ich mache das, indem ich in Gebeten vor Gott bringe, was mich an Traudi stört. Meine Ängste, Zweifel, unguten Gefühle – all das gebe ich an ihn ab. Das mag jetzt vielleicht seltsam klingen, aber ich sehe das wie eine »göttliche Kläranlage«. Gott klärt diese Probleme ja tatsächlich, entweder indem er meine Sichtweise darauf verändert oder Traudis Verhalten. Das Schöne bespreche ich direkt mit meiner Frau, die Dankbarkeit, die ich für sie empfinde und alles, was uns ermutigt. Den Rest bringe ich vor Gott. Das ist wirklich eine große Erleichterung.

Anstatt sich damit zu beschäftigen, was man vom anderen noch nicht bekommt oder unbedingt zu brauchen glaubt, kann man sich auch die Frage stellen: »Wo bin ich noch nicht Gottes Geschenk für meinen Partner, und wie kann ich dazu werden?« Die Antwort bewirkt automatisch eine liebevolle und verbindliche Zuwendung zum anderen. Wenn man sich gegenseitig als Geschenk Gottes annimmt und es wirklich sein möchte, wird man auch immer mehr dazu. Das ist ein ziemlicher Gegensatz zu dem, wie wir Menschen unsere Beziehungen für gewöhnlich führen. Auch für uns war das zu Beginn eine große Herausforderung. Es ist auch nicht so, dass Traudi und ich heute keine Meinungsverschiedenheiten mehr haben. Das passiert, weil auch wir uns trotz unserer Ausrichtung nicht jeden Tag so getragen fühlen, dass wir das alles so umsetzen können, wie wir das gerne hätten. Zwar werden wir mit Gottes Hilfe verwandelt, aber ganz perfekt werden wir unsere neue Identität in Christus auf dieser Erde wohl nicht ausleben. Doch darum geht es auch gar nicht – wesentlich ist, sich den Umgang miteinander und das Leben an sich zu erleichtern.

Damit alte Muster verwandelt und unser Denken erneuert werden können, brauchen wir eine intensive Ausrichtung auf Gottes Wahrheit. Immerhin haben wir alle seit frühester Kindheit gelernt, vom anderen zu fordern, und wir möchten, dass die Dinge nach unseren eigenen Vorstellungen geschehen. Als Kinder waren wir es, die nach den Vorstellungen der Eltern und Lehrer zu funktionieren hatten, die Bedingungen erfüllen mussten, um geliebt oder gelobt zu werden. Später haben wir den Spieß einfach umgedreht. Dieses Verhalten plötzlich aufzugeben und einzustellen, das ist aus eigener Kraft nicht zu schaffen. Auch in diesem Bereich ist für uns die Bibel hilfreich. Jesus sagte:»Lernt von mir!«, und da gibt es wirklich viel zu lernen.

Jedes Paar wird bei der konkreten Umsetzung dieser Prozesse auf andere Probleme stoßen. Auch wir mussten zuerst verstehen, welche Aufträge uns in unserer Ehe zugedacht sind, um anschließend zu lernen, damit umzugehen. Jeder hat seinen eigenen Wirkungsbereich, und darüber hinaus gibt es noch einen gemeinschaftlichen. Die Stärken des einen können so eingesetzt werden, dass sie die Schwächen des anderen ausgleichen. Dafür muss man sie sich aber zuerst einmal bewusst machen und auch eingestehen.

Ehrlichkeit ist in der Ehe, und in einer Partnerschaft an sich, ein ganz wesentlicher Aspekt. Ein weiterer ist die Eigenverantwortung. Neben der Verantwortung vor Gott spielt sie eine ganz große Rolle. So sehr wir auch von seiner Gnade abhängig sind, so dürfen wir dennoch unsere eigene Verantwortung nicht vergessen. Für alles, was wir sagen, tun oder unterlassen – Gefühle, spontane Reaktionen, Schuldzuweisungen oder Verletzungen – tragen wir Verantwortung.

Wenn man sich dessen bewusst ist und Eigenverantwortung übernimmt, dann verändert das auch die Gesprächskultur. Man geht über zu »Ich-Botschaften«, die davon wegführen, den anderen anzuklagen. Wenn ich wütend werde, sage ich nicht: »Du machst mich wütend!«, sondern: »Ich werde wütend!«. Das Wütend-Sein ist somit meine Sache. Ich schiebe nicht Traudi die Schuld als Verursacherin zu. Es ist meine Reaktion und somit meine Verantwortung, so wie ihr Verhalten in ihrer Verantwortung liegt.

Dieses Wissen umzusetzen ist ein weiterer enormer Umgewöhnungsprozess, weil wir es gewohnt sind, gleich auf den anderen zu schießen und nicht uns selbst in die Pflicht zu nehmen. Es bedarf auch viel Selbstreflexion und Mut, um Verantwortung zu übernehmen und auf Fluchtwege und Ausreden zu verzichten. Immer wieder ist man versucht, in alte Muster zu verfallen und mit dem Finger auf den anderen zu zeigen.

Wir haben die natürliche Tendenz, ständig in den Bereich des anderen zu schauen und dort »Verantwortung« übernehmen zu wollen, was uns aber gar nicht zusteht. Das war auch für mich eine harte Nuss, weil man damit die Macht abgibt, die sich das Ego über all die Jahrzehnte so mühsam aufgebaut hat.

Meine neue Liebe zu Traudi hat mich dazu befähigt, ihre Freiheit zu akzeptieren und ihr Eigenverantwortung zu überlassen. Dadurch hat sich auch viel grundsätzliche Starrheit aufgelöst. Wenn wir heute Probleme haben, lösen wir sie, indem wir aufeinander zugehen. Mal mache ich den ersten Schritt, mal sie. Wir warten nicht mehr darauf, bis der andere kommt, um seine Schuld einzugestehen. Der göttliche Auftrag lässt keinen Platz mehr für Rechthabereien, Stolz und Sturheit. Jeder kann die jeweiligen Schritte tun, um die gegenseitige Liebe wieder aufleben zu lassen.

Auch wenn man sagt, dass man *eine* Beziehung hat, so besteht doch jede Ehe oder Partnerschaft aus mehreren Beziehungen. Zunächst ist da einmal diejenige zu sich selbst, und sie ist die Basis für alles. Wer keine Liebe für sich spürt, kann sie auch nicht weitergeben, wie ich im Kapitel »Erste Schritte zur Selbstliebe« bereits erwähnt habe. Erst dann kommt die Beziehung zum Partner, und umgekehrt gilt das natürlich genauso. Traudi und ich haben außerdem die übergeordnete Beziehung zu Gott. An unserer Eigenverantwortung ändert das aber nichts. Die nimmt uns auch er nicht ab, und das ist eine ganz wesentliche Erkenntnis auf dem Weg zu einer erfüllten und bedingungslosen Liebe, die immer das Ziel sein sollte.

Kapitel 18

Wie sich mein Herz veränderte

M it diesem Ziel – der erfüllten und bedingungslosen Liebe – vor Augen, war meine Herzensveränderung natürlich ganz wesentlich, weil sie die Basis für die reine Liebe ist. Am besten gelang das durch das Studieren von Gottes Wort. Dadurch durfte ich lernen, dass der Zustand meines Herzens alles in meinem Leben bestimmt. Nach und nach konnte ich das immer mehr und besser umsetzen. Das weiterzugeben ist mein innigster Wunsch, denn wenn sich unser Herz verändert, verändert sich alles. Meist nehmen sich die Menschen zu wenig Zeit, um ihr Herz zu erforschen, herauszufinden, welche Werte sie darin haben, es zu verstehen und auf es zu hören.

Es gab einige essenzielle Punkte, die von der Haltung meines Herzens stark beeinträchtigt waren und die ich hier kurz aufzählen möchte. Je mehr sich mein Herz festigte, umso mehr kamen Beständigkeit, Sieg über die Probleme (Ehe, Gesundheit und Finanzen) sowie Erfüllung in mein Leben:

- Ich durfte lernen, warum ich von Krankheit geplagt wurde und wie man Heilung erfahren kann.
- Ich durfte erfahren, dass Misserfolg auch dann auftreten kann, wenn alles gut läuft. Das passiert, wenn der Misserfolg eine Folge alter Muster ist. Bei mir waren es Stolz und

Leichtsinn. Man muss sich bewusst werden, welche Fehler man gemacht hat.

- Ich durfte erfahren, warum Beziehungen im Schmerz endeten und wie ich Erfüllung finden konnte.
- Ich durfte lernen, wie man sein negatives, angsterfülltes und von Gedanken geplagtes Leben in ein positives, angstfreies Leben verwandelt, in dem man authentische Gefühle zeigen kann.
- Ich durfte in jedem Bereich meines Lebens Veränderung erfahren.

Der Schlüssel zum Erfolg für all das war und ist das Anwenden von Gottes Wort. Ich gründete mein Herz in seinem Wort. Dadurch erfuhr ich Heilung und Befreiung. Heute trifft mein Herz die Entscheidungen für mich. Es bestimmt die Richtung meines Lebens, und nicht mehr der Verstand, der vom Ego und seinen falschen Werten wie Stolz und dergleichen regiert wurde.

Das Herz ist untrennbar mit der Liebe, und demnach mit dem Geist, verbunden. In Sprüche 4,20–23 (EU) steht: »*Mein Sohn, achte auf meine Worte, neige dein Ohr meiner Rede zu. Lass sie nicht aus den Augen, bewahre sie tief im Herzen! Denn Leben bringen sie dem, der sie findet, und Gesundheit seinem ganzen Leib. Mehr als alles hüte dein Herz; denn von ihm geht das Leben aus.*«

Das ist ein so wichtiger Satz: Mehr als alles behüte dein Herz, denn von ihm geht das Leben aus! Alles, was vom Geist kommt und in unserem Herzen ist, wird zur Realität. So wie wir in unserem Herzen glauben, so wird es in unserem Leben geschehen. Das sollte man sich bewusst machen!

Nicht die Umstände bestimmten, was in meinem Leben geschah, sondern mein Herz bestimmte es. Nicht der Teufel war schuld, was in meinem Leben passierte, sondern nur mein Herzenszustand. Natürlich ist es einfach, die Schuld abzugeben und keine eigene Verantwortung für Zustände zu übernehmen. Aber genau das ist der Punkt. Wenn man die Verantwortung übernimmt, dann hat man auch die Möglichkeit zur Veränderung, weil man eben nicht fremdgesteuert ist. Man hat es selbst in der Hand oder besser gesagt im Herzen! Dazu passt die oft missverstandene Aussage Jesu, der sagte: »Wer hat, dem wird gegeben werden, und wer nicht hat, dem wird genommen werden.« Dieser Ausspruch bezieht sich auf den Herzenszustand.

Mein Leben war eine Spiegelung meines Herzenszustandes. Mein Herz ist das wahre Ich, der Ursprung all meiner Emotionen. Als ich mich entschlossen hatte, mich in Gottes Hände zu begeben und ihm nur das Gute zu glauben, begann in mir durch ihn eine Verwandlung. Mein Herz war sein Werkzeug. All die Erfolge, alles, was seither passiert ist, hing von meiner Herzenseinstellung ab. Gott hat uns geschaffen, damit wir in Fülle und Wohlstand leben. Durch das Nachsinnen und das ständige Erinnern an Gottes Worte hat sich mein Herz zum Positiven verändert. Gott hat es auch so verheißen. Alles, was ich zu tun hatte, war zu glauben. Das war meine Entscheidung, so wie es die Entscheidung eines jeden Menschen ist, zu glauben oder nicht zu glauben.

Besonders starkes Gift für mein Herz waren vermeintlich positive Assoziationen wie zum Beispiel der Gedanke an verzehrenden Sex ohne Liebe. Den hatte ich, als ich noch sehr jung war, mit einer Jugendfreundin. Es war eine ganz lose Geschichte, ohne große Gefühle, und gefiel mir gut. Wenn ich daran zurückdachte, hatte ich ein Hochgefühl. Dass körperliches Begehren aber nur in Verbindung mit Liebe die wahre Erfüllung ist, war mir in diesem Alter natürlich nicht bewusst – es war ein Umstand, der noch lange andauern sollte und mich auch prägte. Erst als ich mein Herz veränderte, konnte ich erkennen, wie sehr ich es betrogen und auf falschen Werten gegründet hatte. Viel zu lange war mein Herz falsch konzipiert und gesetzlich. Das heißt, dass es religiös und selbstgerecht war, mit Liebe hatte das aber nichts zu tun. Bei näherer Betrachtung konnte ich darin nichts Gutes finden.

In der Bibel steht, dass das Herz der Menschen bereits seit Adam und Eva verdorben ist. Seither konnte die Stimme Gottes nicht mehr vom Herzen wahrgenommen werden. Stolz und Hochmut wurden von Generation zu Generation weitergegeben. In einem hochmütigen Herzen kann keine Liebe wachsen. »Arglistig ohnegleichen ist das Herz und unverbesserlich. Wer kann es ergründen?« – so steht es in Jeremia 17,9 (EU), und auch ich hatte mich bis zum 42. Lebensjahr für Gottes Wahrheit verschlossen. Das setzte mich dem Einfluss negativer geistlicher Kräfte aus; die Ursache für all die Verführung meines Denkens, Fühlens und Wollens, all die Verwirrung, Krankheit und Schmerz in meinem Leben.

Ich bin unbeschreiblich dankbar dafür, dass ich diese Erkenntnis erlangen und so Veränderung erfahren durfte, denn in Hesekiel 11,19 (HFA) steht: »Ich will ihnen ein anderes Herz und einen neuen Geist geben. Ich nehme das versteinerte Herz aus ihrer Brust und gebe ihnen ein lebendiges Herz.« Durch meine Entscheidung, Jesus Christus in mein Herz aufzunehmen, empfing ich göttliches Leben. Dazu ist in Römer 10,9 (EU) zu lesen: »Denn wenn du mit deinem Mund bekennst: ›Jesus ist der Herr‹ und in deinem Herzen glaubst: ›Gott hat ihn von den Toten auferweckt‹, so wirst du gerettet werden.« Und ich wurde gerettet. Oft hatte ich das Gefühl, dass es in letzter Minute geschah, weil ich damals so verirrt war, aber ich wurde gerettet. Gott führte mich förmlich zu dieser Rettung, denn wie ich bereits beschrieben habe, wollte ich ursprünglich gar nicht zu dieser Veranstaltung in Schloss Pichlarn fahren, wo meine wundersame Veränderung begann.

Ich verstand damals gar nichts, aber ich wandte mich Gott zu. Das reichte für ihn schon. Er berührte und verwandelte mich.

Mehr und mehr durfte ich die Wahrheit erkennen und bekam dadurch die Fähigkeit zur Unterscheidung der Geister, die mich bis zu diesem Zeitpunkt beherrscht und beeinflusst hatten. Durch die neue Ausrichtung meines Herzens auf Gott und die damit verbundene Gedankenfülle kam Veränderung in mein Leben. Durch die richtigen Entscheidungen, die ich seitdem aus dem Herzen heraus traf, wurden mein Tun und mein Sein meinem Herzen untergeordnet. Meine Seele und mein Geist wurden zur Begegnungsstätte meines Herzens. Seine Kraft und seine Stärke konnten in meinem Leben fließen.

Das Herz ist das Steuerungszentrum von uns Menschen. Es ist die Schnittstelle von Seele und Geist. Seele ist Wille, Verstand und Gefühl. Der Geist ist Gott-Vater, Gott-Sohn und der Heilige Geist.

Meine Seele wurde vom Geist Gottes geführt und hatte den dringenden Wunsch nach Veränderung. Teilweise wusste ich gar nicht, wie mir geschah. Dann, als mir bewusst wurde, was bisher in meinem Leben so schiefgelaufen war und warum, öffnete ich Gott mein Herz. Sinnbildlich gesprochen ist er eingetreten und hat alles verändert. Die Umstände können sich nur dann verändern, wenn die Kraft Gottes durch die Seele und über unser Herz in den Körper fließt. Umgekehrt, also vom Verstand aus, ist das unmöglich. Der Heilige Geist ist der Türsteher meines Herzens. Das Ziel des Herzens ist die Veränderung, dort lebt der Wunsch, Christus immer ähnlicher zu werden. Leider verhallen die Rufe nur zu oft ungehört, weil versteinerte Herzen taub sind.

Das ist wirklich eine Misere, denn uns sollte bewusst sein, dass wir jede Entscheidung gemäß der Haltung unseres Herzens treffen. Je nachdem, ob es nun Gott zugewandt oder abgewandt ist, wird uns die Auswirkung positiv oder negativ treffen. Jede Handlung hat Konsequenzen. Das Herz trifft die Entscheidung, nach welchem Muster mein Leben abläuft, welchen Dingen ich zuspreche und welche Werte ich habe. Galater 5,17–18 (EU) sagt: *»Denn das Begehren des Fleisches richtet sich gegen den Geist, das Begehren des Geistes aber gegen das Fleisch; beide stehen sich als Feinde gegenüber, sodass ihr nicht imstande seid, das zu tun, was ihr wollt. Wenn ihr euch aber vom Geist führen lasst, dann steht ihr nicht unter dem Gesetz.«*

Ich möchte kurz erklären, was »Fleisch«, »Gesetz« und »Werk« bedeuten, weil ich das an dieser Stelle für wichtig halte. Das »Fleisch« ist ein Ausdruck, der in der Bibel für das irdische Leben steht, für das Wollen, das Denken und das Handeln ohne Gottes Geist, also das Ego. Es werden zwei Lebensphilosophien unterschieden: das Betriebssystem der Welt (die Selbstbezogenheit) und das Betriebssystem Gottes (die Gottbezogenheit).

Unter dem »Gesetz« versteht man die Zehn Gebote, die wir meist aus eigener Kraft erfüllen wollen. Das wird auch als »Werk« bezeichnet. Wenn man ohne Gottes Geist einfach selbstbezogen arbeitet und tut, dann handelt man »werksgerecht«. Dadurch werden wir auch recht schnell selbstgerecht, und dann erheben wir uns gerne über andere. Von Liebe und Barmherzigkeit, so wie Jesus sie hatte, ist dann meist keine Spur. Darum finden sich diese Ausdrücke primär im Alten Testament, also vor der Zeit Jesu. Heute wissen wir, dass Jesus das Ende des Gesetzes ist. Durch seinen Tod am Kreuz hat er alles für uns getan.

Wir sind erlöst und dürfen in der Gnade Gottes leben. Wir können alles an ihn abgeben und uns von seinem Geist führen lassen. Nur so werden wir Freiheit erfahren und nur so werden wir vor ihm gerecht. Durch das eigene Werk kann und wird das nicht gelingen. Das habe ich am eigenen Körper erlebt. Seit mehr als 2000 Jahren zählt nicht mehr, was wir für Gott tun, sondern was Gott für uns getan hat. Er hat unseren Geist von Neuem geboren.

Kapitel 19

Der Glaube versetzt Berge

Ich bekam durch den Glauben an Jesus Christus ein neues Herz, das die Stimme Gottes hören kann. Auch die Bibel sagt eindeutig, dass nur der Glaube von ganzem Herzen gerecht macht und der Wert meiner Handlungen allein von der Gesinnung meines Herzens abhängt. Es ist also nicht nur wichtig, was man tut, sondern auch, warum man es tut. Früher spendete ich zum Beispiel auch großzügig, aber mehr aus Berechnung als aus tiefstem Herzen.

In der Bergpredigt zeigt uns Jesus, dass nicht das äußere Erfüllen der Gebote, sondern die Herzenshaltung entscheidend ist. Der Mensch schaut meist nur auf das Äußere, Gott aber schaut auf das Herz. Darum war es der wichtigste Prozess, dass mein Herz von der Wahrheit, vom Leben Jesu Christi, überzeugt wurde, denn nur in Christus haben wir die Fülle des Lebens. Unser Herz ist der Ausgangspunkt für alles. In unserem Leben passiert nicht das, was wir uns im Kopf ausdenken, sondern nur das, was wir uns auch in unseren Herzen vorstellen können. Wenn wir Jesus im Glauben annehmen können, dann wird unser Geist wiedergeboren und damit bekommen wir auch ein neues Herz.

Unsere alte Denkweise ist natürlich mit den alten Mustern bespielt, und darum ist es notwendig, unser Denken zu erneuern. Nur dann kann Veränderung in unserem Leben stattfinden. Es ist also sehr wohl an uns, etwas zu tun, aber eben mit dem Geist Gottes und nicht nach eigenen Vorstellungen. Es ist ein Naturgesetz, dass man das erntet, was man sät. Jesus sagte: »*An ihren Früchten also werdet ihr sie erkennen*« (Mt 7,20 EU).

Durch die Veränderung des Denkens entstehen auch neue, gute Früchte. Unter dem alten Bund des Gesetzes, in unserem Leistungsdenken, konnten wir nie wissen, was auf uns zukommt, und mussten mit Strafe rechnen. Doch unter dem neuen Bund der Gnade, wenn wir aus der Ruhe und Gegenwart Gottes heraus leben, dürfen wir mit Sicherheit wissen, dass Jesus Gutes für uns gesät hat und deshalb auch Gutes auf uns zurückkommen wird.

Wer nicht vergeben kann und verbittert ist, dem fällt es schwer, etwas Gutes von Gott empfangen. Er ist zwar für uns da und möchte uns helfen, wenn wir aber keine Eigenverantwortung zeigen, werden wir dafür nicht bereit und offen sein. Ich allein habe die Macht, in meinem Leben etwas zu verändern – jetzt! Das gilt für alle Menschen, und zwar jederzeit. Wir müssen und dürfen Buße tun! Aber wie ich bereits erklärt habe, hat das nichts mit dem Herunterleiern von fünfzehn »Vater unser«-Gebeten zu tun, sondern einfach nur damit, umzukehren. Buße tun heißt, sich zur Umkehr zu entschließen, sich auf einen Neubeginn einzulassen! Das ist der Beginn für die Veränderung unseres Denkens. Die Folge daraus ist unsere Lebensveränderung.

Bevor ich körperliche Heilung erfahren durfte, habe ich meine Lebensphilosophie überprüft. Dabei gelangte ich rasch zur Erkenntnis, dass mich mein sündiges Denken und der entsprechende Lebenswandel krank gemacht hatten. Dadurch war auch mein Herz krank geworden. Wir werden für unsere Sünden nicht von Gott verurteilt, denn er hat durch Jesus das Problem mit unseren Sünden für immer gelöst. Aber unser Gewissen klagt uns an. Vor lauter Schande möchten wir uns wie Adam vor Gott verstecken und davonlaufen, was natürlich unmöglich ist. Viel zu lange war ich davon überzeugt, dass Gott zwar alles tun könnte, zweifelte allerdings daran, ob er mir wirklich Heilung schenken würde. Genau dieser Zweifel machte Gottes Wort kraftlos.

Seine Vergebung war nicht das Problem, die Selbstverzeihung war der große Stein auf meinem Weg. Weil ich mich selbst anklagte und mir nicht vergeben konnte, zweifelte ich daran, dass Gott es konnte. Mit dieser Haltung versperrte ich mir den Zugang zu ihm. Im Verstand wusste ich bereits, dass für ihn kein Problem zu groß ist, aber in meinem Herzen war diese Botschaft noch nicht angekommen. So wie wir glauben, so wird es geschehen – das ist eine ganz einfache und unmissverständliche Botschaft, und dennoch ist sie so schwer anzunehmen.

In Römer 1,21 (EU) wird erklärt, warum die Menschen in der Welt keine Wunder empfangen. Dort steht: »*Sie haben Gott erkannt, ihn aber nicht als Gott geehrt und ihm nicht gedankt. Sie verfielen in ihrem Denken der Nichtigkeit, und ihr unverständiges Herz wurde verfinstert.*« Genau so hat sich das bei mir abgespielt. Meine Vorstellungskraft war verwirrt und verfinstert. Ich sehe die Vorstellungskraft wie eine Gebärmutter, aus der die Visionen für unser Leben geboren werden. Das funktioniert im Negativen gleichermaßen wie im Positiven.

Viele Menschen unterschätzen die Vorstellungkraft oder glauben nicht daran. Dabei sollte man sich einfach nur vorstellen, mit den geistigen Augen in ein anderes Zimmer zu gehen, ohne das tatsächlich zu tun. Das ist ein Leichtes, denn jeder weiß genau, wie es in seinem Badezimmer oder in seinem Schlafzimmer aussieht. Es fällt uns nicht schwer, in Gedanken dorthin zu gehen und körperlich gleichzeitig im Wohnzimmer zu sitzen. Wenn wir etwas Vertrautes ins geistige Auge fassen, haben wir sofort ein Bild dazu. Bei Dingen, die wir nicht kennen, funktioniert das aber genauso. Man denkt an etwas und schon ist es bildlich vor unseren Augen.

Das ist unsere Vorstellungskraft. Natürlich hat diese bezogen auf Gott eine breite Streuung.

Wenn man klar und bewusst ist, gebärt man positive Dinge. Wenn man vernebelt und unbewusst ist, gebärt man negative Dinge. Bevor sich das Gute also in der Realität unseres Lebens manifestieren kann, müssen wir ein gutes Herz haben, das Gott uns schenkt. Mit all unserer Vorstellungskraft, wie auch immer sie aussieht, geben wir unserem Leben eine Richtung. Dass wir die Dinge mit unserem geistigen Auge sehen, ist viel wichtiger als alle Wahrnehmungen mit unseren Sinnesorganen.

Ich gebe Gott die Ehre, indem ich glaube, was in der Bibel steht, und räume seinem Wort den höchsten Stellenwert ein. Ich bin Gott so dankbar für all das Gute, was er in meinem Leben getan hat, und konzentriere mich nur darauf. Ich weiß, dass alle meine negativen Erfahrungen ein Produkt meines eigenen Tuns und meines verfinsterten Herzens waren. Das kam nicht von Gott, er hat mir niemals wehgetan.

Alle religiösen Führer der Welt sind irgendwann einmal gestorben. Unser Erlöser Jesus Christus hingegen lebt, und er tut heute noch Wunder, denn er ist derselbe gestern, heute und in alle Ewigkeit. Darüber hinaus gilt, dass er in uns lebt. In Galater 2,20 (EU) heißt es: »Nicht mehr ich lebe, sondern Christus lebt in mir.« Jesus hat durch den Heiligen Geist in unserem Körper Wohnung genommen. Dadurch werden unser Haus und unsere Ausstrahlung göttlich. Jesus schaut aus unseren Augen heraus. Welche große Gnade ist da in uns …

Alle Menschen möchten Wunder erleben, aber viel zu viele können nicht daran glauben, denn ihre Vorstellungskraft ist nicht positiv genug für Wunder. Wenn wir uns zum Beispiel vorstellen, dass uns die Krankheit nie verlassen wird, dann wird das wohl auch so geschehen. Es mangelt an Glauben. Nicht umsonst heißt es: »Der Glaube kann Berge versetzen« – das kann er tatsächlich, aber dazu sollte man ihn erst einmal haben.

Wenn man Gott nicht dankt und nicht ehrt, haben sündige Gedanken ein leichtes Spiel und manifestieren sich schnell in sündigen Handlungen. Das verdirbt das Herz und die Vorstellungskraft. Man kann Gott nicht sehen, wenn das Herz verfinstert ist. Man fühlt sich von ihm abgeschnitten. Das kann nicht von Vorteil sein. Wenn man Gott ehrt und dankt, wandelt sich die Vorstellungskraft automatisch ins Positive, was wiederum zu guten Auswirkungen auf unser Leben führt.

Ein freies Herz sollte auch nicht von dem verpflichtenden Ausdruck »muss« geplagt werden. Im Wort »muss« schwingt immer eine Verpflichtung mit. Wesentlich ist jedoch der Wunsch. In »ich muss« ist auch die Ablehnung verborgen, denn das, was wir müssen, wollen wir meistens nicht. Verpflichtung kann auch Schmerz bedeuten. Das Herz möchte sich Schmerzen ersparen.

Wenn du also bei deinem inneren Dialog das Wort »muss« verwendest, dann halte augenblicklich inne. Frage dich, warum du tust, was du tust, und warum du es tun *musst*. Bewegst du dich wirklich auf ein Ziel zu, das du dir wünschst?

Wenn das der Fall ist, dann sprich aus, was dich dazu bewegt. Halte dir das Vergnügen und die Freude vor Augen, die du bei der Erfüllung erfahren wirst. Und dann formuliere deine Absicht neu, und zwar mit den Worten »ich will« oder »ich wünsche«. Nimm dir ein paar Sekunden Zeit und bestätige dir selbst noch einmal die positiven Beweggründe.

Natürlich müssen wir manchmal auch Dinge tun, die wir tatsächlich nicht tun möchten, die aber nun einmal dazugehören. Wer bezahlt zum Beispiel schon gerne seine Stromrechnung? Andererseits kann man sich selbst in solchen Fällen vor Augen führen, wie sehr uns der Strom das Leben erleichtert. Er schenkt uns

Licht und Wärme, um nur zwei ganz essenzielle Dinge anzuführen. So gesehen dürfen wir uns freuen, dass wir Strom haben und die Rechnung dafür auch bezahlen können.

Mir ist klar, dass diese Sichtweise für manche vielleicht weit hergeholt ist, aber letzten Endes ist alles nur eine Frage des Zugangs und der Annahme. Das Herz ist jedenfalls dankbar für jedes »Muss«, das ihm erspart bleibt. Oft ist es einfach auch nur die Gedankenlosigkeit, die uns allzu oft das Wort »müssen« verwenden lässt, obwohl wir in Wahrheit ohnehin *wollen*.

Wie oft hast du zum Beispiel schon vor einem Urlaub gesagt: »Ich muss noch meinen Koffer packen«, obwohl die Freude auf den Urlaub riesengroß war? Auch wenn wir einen schönen Termin oder eine langersehnte Verabredung haben, aber in Eile sind, sagen wir oft: »Ich muss jetzt los«, »Ich muss zur Massage«, »Ich muss heim« – wissend, dass uns dort etwas Schönes und Angenehmes erwartet, dass dort die Familie ist, nach der man sich sehnt. »Ich muss« wird einfach viel zu oft und unbewusst verwendet. Lassen wir doch unser Herz sprechen, am besten in der Sprache der Liebe.

Kapitel 20

Die fünf Sprachen der Liebe

Wie du bereits erfahren hast, sind Traudi und ich als Ehepaar durch extrem kritische Zeiten gegangen. Die Liebe stand oft auf dem Prüfstand und phasenweise schien sie fast erloschen zu sein. Ich weiß, dass das kein Einzelschicksal ist. Unzählige Paare, wenn nicht sogar alle, sind irgendwann einmal an dem Punkt, wo die Liebe vorbei zu sein scheint.

Wir hatten das große Glück, dass ein befreundetes christliches Ehepaar uns Gary Chapmans Buch *Die fünf Sprachen der Liebe – Wie Kommunikation in der Ehe gelingt* empfahl. Chapman ist ein amerikanischer Paar- und Beziehungsberater, der als paartherapeutisches Konzept fünf Sprachen der Liebe und deren Dialekte erarbeitet hat und damit äußerst erfolgreich ist. Da wir wussten, dass seine Bücher in vielen Sprachen millionenfach verkauft werden, war uns klar: Da muss etwas dran sein.

Dieses Werk ist ein Schatz und eine Bereicherung für jeden, der in einer Beziehung lebt. Auszüge und die wichtigsten Eckpfeiler aus dem Buch und unsere persönliche Sicht darauf möchte ich dir nicht vorenthalten. Ich weiß, dass dieses Konzept schon sehr viele Ehen und Beziehungen gerettet hat – auch unsere.

Die erwähnten 5 Sprachen der Liebe sind:
1. Lob und Anerkennung
2. Zweisamkeit – die Zeit nur für dich

3. Geschenke, die von Herzen kommen
4. Hilfsbereitschaft
5. Zärtlichkeit

Wenn man die jeweilige Liebessprache des Partners nicht kennt oder beherrscht, dann ist es so, als würden zwei Menschen Chinesisch und Deutsch miteinander sprechen. Sie haben keine Chance, einander je zu verstehen. Hinzu kommt, dass man natürlich auch wissen sollte, welche Liebessprache man selbst spricht.

Bei mir war es zum Beispiel so, dass ich nach dem Lesen des Buches dachte, meine Liebessprache sei Zärtlichkeit, bis ich Jahre später erkannte, dass sie eigentlich Lob und Anerkennung ist. Generell war es so, dass Traudi und ich dieses erworbene Wissen erst nach einiger Zeit wirklich umsetzen konnten. Nur die göttliche Gnade und der Heilige Geist konnten das Wollen und Vollbringen bewirken.

Verliebt sein ist nicht Liebe

Dass ich in meiner Jugendzeit bis vor der Heirat ein Playboy-Leben führte, war für Traudi nebensächlich. Sie war bis über beide Ohren verliebt und auch überzeugt, dass wir glücklich sein würden. Mein einziger Wunsch war es wiederum, sie glücklich zu machen. Und dennoch flanierte ich viele Jahre durch Nachtclubs und ging fremd. Und zwar aus Gründen, die wir beide erst viel später verstehen sollten.

Das Verlangen nach wahrer Liebe gehört zum Wesen des Menschseins und bildet den Kern aller unserer Sehnsüchte. Wird der Wunsch nach Liebe nicht gestillt, bleibt der Liebestank leer. Es ist dann so, also würde man mit einem Auto fahren wollen, dessen

Tank leer ist. Das funktioniert einfach nicht. Man kann es schieben oder ziehen, aber eigenständig fahren wird es nicht. Die Liebe ist in unserem Leben also essenziell. Sie sollte aber nicht mit Verliebtheit verwechselt werden. Das eine hat mit dem anderen so gut wie gar nichts zu tun, wird aber oft als das Gleiche betrachtet. Ein Fehler, der meist mit Trennung bezahlt wird. Man sagt zwar »Liebe macht blind«, aber in Wahrheit macht die Verliebtheit blind.

Bei Verliebtheit darf man nicht von Liebe sprechen, und zwar aus drei Gründen: Erstens handelt es sich dabei nicht um einen Akt der freien Willensentscheidung. So sehr wir uns anstrengen mögen, wir können uns nicht auf Befehl verlieben. Es geschieht unwillkürlich. Oft sind wir gar nicht darauf aus, wenn uns die Verliebtheit überfällt.

Zweites ist Verliebtheit keine wahre Liebe, weil wir nichts dafür tun müssen. Sie bedarf keiner Disziplin und Anstrengung unsererseits.

Drittens ist derjenige, der nur verliebt ist, an der Entwicklung des anderen wenig interessiert. Wir haben nämlich das Gefühl, das Ziel sei nun erreicht und wir seien auf dem Höhepunkt des Lebens angelangt.

Das Kribbeln im Bauch, das Verliebtsein ist ein Phantasiegebilde, eine euphorische Phase, eine Illusion, die im Schnitt drei Jahre andauert und dann vorüber ist. Das ist der Moment, in dem man auf dem Boden der Realität aufschlägt. Dann gehen die Wellen der Wirklichkeit wieder hoch. Die Illusion der Vertrautheit ist dahin und die eigenen Wünsche, Gefühle und Verhaltensmuster drängen sich wieder in den Vordergrund. Viele Menschen trennen sich dann, lassen sich scheiden und halten nach einem neuen Partner Ausschau, womit alles von vorne beginnt, für wiederum etwa drei Jahre ... oder sie gehen den mühevollen Weg und lernen, einander ohne diese Euphorie zu lieben. Manche ergeben sich dem unbefriedigendem Zustand auch, weil sie denken, das müsse einfach so sein. So beschreibt es Dr. Chapman.

Für Traudi und mich war klar, dass wir die Liebessprache des Partners lernen wollten. Weiterentwicklung war uns wichtig – ein Ding der Unmöglichkeit in der Phase der Verliebtheit, weil wir in dieser Zeit schließlich überzeugt sind, alles sei perfekt. Man denkt, ohnehin schon am Ziel angekommen zu sein, also warum sollte sich jemand weiterentwickeln wollen oder müssen? Doch die Hochstimmung ist nun einmal nicht von Dauer, und in der realen Welt erfordern die unübersehbaren Differenzen zwischen Ehepartnern unser Handeln und unsere Weiterentwicklung.

Erst durch dieses Buch verstand ich, warum ich mich von Traudi kurzzeitig trennte und mir eine neue Partnerin suchte. Ich war drauf und dran, mich einer weiteren Illusion hinzugeben. Doch Gott verhinderte das, und mit seiner Gnade erlernten wir die Muttersprache der Liebe des jeweils anderen, die wir bis dahin nicht kannten. Darum waren unsere Liebestanks völlig leer gewesen. Wir entschieden uns dazu, sie wieder zu füllen, und zwar gegenseitig.

Alle Menschen, denen die Liebe abhanden gekommen ist, können sich dafür entscheiden. Liebe ist eine Willensentscheidung, denn es steht jedem offen, zu lieben, wenn die Euphorie längst vorbei ist. Liebe beginnt mit einer Entscheidung: »Ich bin mit dir zusammen oder verheiratet, und ich entscheide mich, deine Interessen zu meinen zu machen.« Als Traudi und ich uns nochmals füreinander entschieden, fanden wir – auch durch Dr. Chapman – Wege, diese Entscheidung in die Realität umzusetzen.

Sprache der Liebe Nummer 1: Lob und Anerkennung

Zum besseren Verständnis möchte ich auf die fünf unterschiedlichen Sprachen näher eingehen. Nummer 1 ist »Lob und Anerkennung«. Salomo, ein Autor der alten hebräischen Weisheitsliteratur, schrieb: *»Tod und Leben sind in der Gewalt der Zunge.«* (Spr 18,21 ELB) Viele Paare haben noch nicht begriffen, welche Wirkung es hat, wenn beide sich gegenseitig Lob aussprechen. Meist sind es wenige anerkennende Worte, die den anderen erfreuen.

Das Ziel der Liebe ist nicht, die eigenen Wünsche erfüllt zu bekommen, sondern zum Wohlergehen des geliebten Menschen beizutragen. Tatsache ist aber auch, dass wir durch jedes Lob motiviert werden, uns dem anderen erkenntlich zu zeigen.

Mark Twain sagte einmal: »Ich kann zwei Monate von einem netten Kompliment leben.« Das reichte für seinen Liebestank. Ich brauchte für meinen sehr viel mehr. Es dauerte vor allem seine Zeit, bis ich meine eigene Muttersprache der Liebe überhaupt gefunden hatte.

Ermutigende Worte sind ein Dialekt der Liebessprache »Lob und Anerkennung« und somit eine Möglichkeit, Liebe auszudrücken. Ermutigen kann nur, wer mitfühlt und die Welt mit den Augen des Partners sieht. Zuerst müssen wir in Erfahrung bringen, was unserem Partner wichtig ist.

Traudi hat sich dafür entschieden, meine Liebessprache im täglichen Leben anzuwenden, und das verbesserte unser emotionales Klima enorm. Vieles hat sich zum Positiven entwickelt. Allerdings war es für meine Frau kein einfacher Lernprozess, mir mehr Lob und Anerkennung auszusprechen. Aber sie gab nicht auf und merkte selbst, dass die Dinge im Laufe der Zeit immer besser funktionierten. Sie erkannte, dass positive Worte für mich viel motivierender waren als ihre Kritik.

Von Grund auf war ich nämlich ein ängstlicher und unsicherer Typ, auch wenn man mir das nicht anmerkte und ich nicht so agierte, weil ich das alles mit meinem Ego überspielte. Man weiß eben nie, wie es im Inneren eines Menschen aussieht, was er hinter einem allzu souveränen Auftreten verbirgt. Jede Ermutigung war Balsam für meine Seele.

Freundlichkeit ist ein weiterer Dialekt. Liebe ist Freundlichkeit, und der Spruch »Der Ton macht die Musik« kommt nicht von ungefähr. Oft senden wir doppeldeutige Botschaften. Aber unser Partner wird unsere Botschaft nicht so sehr aufgrund der Worte deuten, sondern sich eher auf unseren Tonfall verlassen. Der Tonfall bestimmt die Aussage. Dessen sollte man sich in jeder Kommunikation bewusst sein. Traudi setzte ihre Wünsche also nicht mit billiger Schmeichelei durch, sondern mit aufrichtiger Freundlichkeit, Ermutigung und Anerkennung.

Die Vergangenheit durfte dabei keine Rolle mehr spielen. Die Liebe führt nicht Buch über die Missetaten des anderen, sie wärmt keine alten Geschichten wieder auf. Man hat immer die Wahl zwischen Gerechtigkeit oder Vergebung. Vergebung ist kein Gefühl, sie ist eine Entscheidung für die Barmherzigkeit. Sie ist eine Ausdrucksform von Liebe. Ohne diesen Prozess, den wir damals in der Steiermark mit Gottes Hilfe begonnen haben, wäre das alles nicht möglich gewesen.

Was man am anderen schätzt, sollte man auch aussprechen und sich im Gegenzug mit Klagen zurückhalten. Ein Kompliment muss auch nicht immer gleich mit einem Kompliment beantwortet werden. Man kann es einfach nur dankbar annehmen. Zur Hilfestellung nahmen Traudi und ich zum Beispiel ein Blatt Papier, machten darauf eine Plus- und eine Minusspalte und schrieben darauf, was wir übereinander gesagt hatten. Diese Liste führten wir einige Wochen so fort, und der positive Fortschritt der Veränderung war wirklich erstaunlich.

Die Sprache der Liebe Nummer 2:
Zweisamkeit – Die Zeit nur für dich

Dr. Chapman versteht unter »Zweisamkeit« eine Zeit mit besonderer Qualität – die Zeit der ungeteilten Aufmerksamkeit. Dabei geht es also nicht darum, einfach nebeneinander Zeit zu verbringen, sondern ganz bewusst miteinander. Auf räumliche Nähe kommt es dabei nicht an, sondern auf Zuwendung. Indem wir etwas von unserem Leben verschenken, vermitteln wir auch sehr viel Liebe. Zweisamkeit herrscht, wenn wir gemeinsam etwas tun und uns dabei ungeteilte Aufmerksamkeit schenken.

Es kann also durchaus sein, dass einem Partner die Zweisamkeit fehlt, der andere das aber gar nicht versteht, weil er meint, dass er ohnehin immer da sei. Zwischen da und präsent sein liegt aber ein großer Unterschied. Eine Stunde ganz bewusst miteinander zu verbringen, kann viel kostbarer sein, als Tage und Wochen nebeneinanderher zu leben. Die Zeit, die man dem anderen bewusst schenkt, wird den leeren Liebestank wieder füllen.

Dialekte der Zweisamkeit sind der intensive Gedankenaustausch und das Zwiegespräch. Zuhören ist dabei ein ganz wichtiger Faktor. Wenn uns der Partner etwas mitteilt, zum Beispiel in Bezug auf ein Problem, dann will er vielleicht gar keinen Rat oder eine Lösung, sondern einfach nur Anteilnahme. Er will sich gehört und verstanden fühlen.

Wenn die Muttersprache der Liebe eines jeweiligen Menschen die Zweisamkeit und das Zwiegespräch ist, dann wird der Liebestank leer bleiben, solange der andere nicht lernt, über seine Gedanken und Gefühle zu sprechen. Dazu muss er aber erst einmal Kontakt zu seinen Gefühlen aufnehmen.

Was die Gesprächskultur betrifft, hat Dr. Chapman zwei Persönlichkeitsmerkmale ausgemacht. Er nennt sie »Totes Meer« und »Plätschernder Bach«. Das Tote Meer hat keinen Abfluss. Es nimmt ständig auf, gibt aber nichts mehr her – so wie der Typ Mensch, der den ganzen Tag lang Eindrücke sammelt, darüber aber nicht reden kann. Er hat kein Mitteilungsbedürfnis, teilt seine Eindrücke also nicht.

Das andere Extrem ist der plätschernde Bach. Bei Menschen dieser Gesprächskultur ist es so, dass alle Eindrücke von Auge und Ohr auf kürzestem Weg wieder zum Mund herauskommen. Oft genug heiratet ein Totes Meer ausgerechnet einen plätschernden Bach. Wenn dem so ist, sollte einer das Zuhören lernen und der andere das Reden. Beides ist möglich und auf jeden Fall ein Ausdruck der Liebe füreinander.

Mit dieser Sprache der Liebe hatten Traudi und ich keine Probleme. Für andere Paare, die genau dort ihre Schwachpunkte haben, ist sie aber genauso wichtig wie für uns unsere Liebessprachen.

Die Sprache der Liebe Nummer 3:
Geschenke, die von Herzen kommen

Wenn man jemanden beschenkt, dann beschäftigt man sich gedanklich mit diesem Menschen. Geschenke müssen nicht kostbar sein und noch nicht einmal einen Preis haben. Wiesenblumen oder ein Papierherz mit ein paar liebevollen Worten können auch viel bewirken. Es geht darum zu zeigen:»Sieh her, ich habe an dich gedacht!« Geschenke spielen in allen Kulturen eine unverzichtbare Rolle im Liebes- und Eheleben. Sie sind sichere Zeichen der Liebe und für einige Menschen wichtiger als für andere. Bekommen sie diese dann nicht, zweifeln sie an der Liebe des Partners.

Wenn die Muttersprache der Liebe des Partners das Schenken ist, dann kann man mit viel Phantasie immer das Richtige finden, wenn man nur möchte. Diese Sprache der Liebe ist besonders leicht zu lernen und umzusetzen. Mit einem Geschenk investiert man in die Beziehung und füllt den Liebestank des geliebten Menschen.

Fast alles, was zum Thema Liebe geschrieben worden ist, deutet darauf hin, dass die Bereitschaft, etwas zu schenken, zum Kern der Liebe gehört. Bei allen fünf Sprachen der Liebe geht es darum, unserem Ehepartner etwas zu schenken. Auch sich selbst. Jemandem, der die Liebessprache des Schenkens spricht, kann man kein größeres Geschenk machen, als in Zeiten der Krise gegenwärtig zu sein.

In Bezug auf materielle Geschenke war ich zu Traudi immer sehr großzügig. Wenn es nur darum gegangen wäre, hätte sie in ihrem Liebestank keine Leere empfunden. Ich danke Gott dafür, dass er mir eine Frau zur Seite gestellt hat, der Materielles nicht so wichtig ist, denn sonst hätte ich ein leichtes Spiel gehabt. Entwickelt hätte ich mich dabei aber nicht.

Die Sprache der Liebe Nummer 4: Hilfsbereitschaft

Hilfsbereitschaft ist die Liebessprache meiner Traudi, und lange war das für mich tatsächlich so unverständlich wie Chinesisch. Abgesehen davon, dass ich viel beschäftigt war und Hausarbeit nicht ganz oben auf meiner Interessensliste stand, bin ich wie erwähnt in der Nachkriegszeit auf einem Bauernhof aufgewachsen.

Das Rollenbild von Mann und Frau war für mich so traditionell, dass ich gar nicht auf die Idee kam, es könnte auch anders sein. Ich wusste einfach nicht, dass es ein Ausdruck von Liebe ist, wenn man dem anderen einen Dienst erweist – und das, obwohl es die Lebenseinstellung von Jesus war, die Paulus in dem Satz *»Dienet einander durch die Liebe!«* (Gal 5,13 ELB) festgehalten hat. Durch Hilfsbereitschaft wird die Liebe sichtbar gemacht. Das zeigte Jesus, indem er seinen Jüngern die Füße wusch. Jeder weiß das, auch Nicht-Kirchengeher, doch ich war mir dessen nicht bewusst – selbst als ich bereits Christ war und Jesus als mein großes Vorbild angenommen hatte.

Wer unter der nicht vorhandenen Hilfsbereitschaft des Partners leidet, sollte diese aber nicht einfordern. Damit wird man nämlich gar nichts erreichen. Jede Bitte weist der Liebe den Weg, aber jede Forderung bringt sie zum Erliegen – weise Worte von Dr. Chapman. Die Liebe ist schließlich immer nur ein Geschenk. Liebe kann man nicht einfordern. Niemand lässt sich gerne zwingen, egal wozu.

Ein Fehler, den viele Paare machen, ist zu glauben, dass der Partner in der Ehe das Gleiche tun würde wie vor der Hochzeit. Das ist aber meist nicht der Fall. Mit dem veränderten Verhalten des einen beginnt meist auch das Kritisieren des anderen, was zu einer Verschlechterung der Situation führt und nicht zu einer Verbesserung. Jemanden durch Drohungen zu zwingen oder ihn mit Schuldgefühlen zu manipulieren, sollte man auch tunlichst vermeiden. Auf die Liebessprache des anderen einzugehen und um die gewünschte Hilfe zu bitten, wird hingegen zum Ziel führen. Bei Traudi und mir hat das funktioniert.

Ich kann meiner Frau meine Liebe dadurch beweisen, dass ich im Haushalt mitarbeite. In meinem jahrzehntelangen Dasein als Manager wurde ich ein Meister des Delegierens. Darum kostet es mich Disziplin, den Geschirrspüler ein- oder auszuräumen und auch sonst im Haushalt mitzuhelfen. Ich mache das, weil ich Traudi liebe. Je mehr ich mich zu etwas überwinden muss, umso größer ist der Liebesbeweis. Das weiß meine Frau auch und schätzt mich dafür sehr. Indem ich ihr diesbezügliches Verlangen stille, fülle ich ihren Liebestank und sie gibt dann auch mir gerne, was ich mir wünsche.

Die Sprache der Liebe Nummer 5: Zärtlichkeit

Jeder Körper braucht Zärtlichkeit. Alles, was uns als menschliches Wesen ausmacht, wohnt in unserem Körper. Wer unseren Körper berührt, berührt uns als Person. Sich vor unserem Körper zurückzuziehen bedeutet, sich von uns als Mensch zu distanzieren. Zärtlichkeit, also das Berühren der Hände, das Küssen, das Umarmen und der Geschlechtsverkehr, sind Ausdruck der Liebe – das ist nicht neu.

Der Liebesakt ist allerdings nur ein Dialekt der Liebessprache Zärtlichkeit. Viele Männer machen denselben Fehler wie ich: Sie glauben, die Zärtlichkeit sei ihre wichtigste Liebessprache, weil sie ein so starkes Verlangen nach körperlicher Liebe haben.

Wenn einem Mann Zärtlichkeit aber ansonsten wenig gibt – vor allem wenn sie nicht sexueller Natur ist – dann gehört sie wahrscheinlich überhaupt nicht zu seiner persönlichen Liebessprache. Auch der große Wunsch nach Sex wird niemals das Bedürfnis stillen, von der Partnerin geliebt zu werden. Dafür muss die Frau seine Muttersprache sprechen.

Bei der Frau wird der Sexualtrieb nicht körperlich ausgelöst, sondern ist psychisch bedingt. Es baut sich im Körper nichts auf, was regelmäßig zum Verkehr drängt. Wenn sie sich von ihrem

Mann geliebt und geschätzt weiß, dann entsteht das Begehren, mit ihm körperlich intim zu werden. Ohne das Gespür für die emotionale Nähe ist das körperliche Verlangen meist wenig ausgeprägt. Sexualprobleme in der Ehe entstehen selten, weil man die Technik nicht beherrscht, sondern fast immer, weil die Seele Mangel leidet! Wenn beide die Liebessprache des anderen verstehen und ihre Liebestanks gefüllt sind, wird die Sexualität in der Beziehung keiner besonderen Pflege bedürfen.

Wir leben aber in einem Zeitalter der sexuellen Freizügigkeit. Und gerade durch diese Freizügigkeit sollte sich jeder von uns der Tatsache bewusst sein, dass die offene Ehe und Seitensprünge Irrwege sind – nicht nur aus moralischen, sondern auch aus emotionalen Gründen. Das tief in uns sitzende Verlangen nach Liebe und Vertrautheit sträubt sich dagegen, dass wir unserem Partner solche Freiheiten einräumen, weil es den Verlust des Gefühls der Geborgenheit bedeuten und enorme seelische Schmerzen auslösen würde. In der Zeit, in der ich die falschen Wege ging, war das auch bei uns so. Ich fühlte mich innerlich zerrissen und auch für Traudi war es eine furchtbare Zeit, weil sie wusste, dass eine andere Frau bekam, was eigentlich nur ihr gehören sollte. Durch mein Verhalten hatte ich Traudis Liebestank völlig entleert. Es bedurfte einer Menge an Mühe, Geduld und vor allem Gnade, bis alles wiederhergestellt war.

In Krisenzeiten sucht man instinktiv die Nähe des anderen. Der Körperkontakt ist immer ein wirkungsvoller Kommunikator in der Liebe. Bei Konflikten brauchen wir es am meisten, geliebt zu werden. Krisen sind weder gut noch schlecht, sondern neutral. Sie sind eine Chance für Veränderung. Traudi konnte kaum etwas Besseres tun, als mir in Zeiten der Krise ihre Liebe zu zeigen und auch umgekehrt. In schwierigen Zeiten gibt es nichts, was mehr Trost spendet als eine innige Umarmung. Ihre Worte konnten wenig bewirken, aber ihre Berührung wurde von mir immer als der größte Liebesbeweis verstanden, weil ich mich dabei geborgen fühlte. Ihre Zärtlichkeit blieb in bestimmten Situationen ganz tief in mir verhaftet. Oft empfand ich diesbezüglich aber auch einen Mangel.

Vor unserer Ehe hatte ich bei der Zärtlichkeit immer die Initiative ergriffen. Traudi reagierte darauf stets positiv. Das gab mir das Gefühl, geliebt zu werden. Doch einige Jahre nach der Hochzeit kam es immer wieder vor, dass ich zu ihr zärtlich sein wollte, damit aber nicht auf Gegenliebe stieß. Vermutlich war Traudi mit den zwei kleinen Kindern, der Hausarbeit und dem Firmenaufbau überanstrengt. Das zog ich aber nicht in Erwägung und nahm es ganz persönlich. Ich meinte, sie liebte mich nicht mehr so sehr, und erlebte das als Ablehnung und Zurückweisung ihrerseits. Traudi hatte jedoch keine Ahnung davon, was in mir vorging. Sie war die beste Hausfrau und Mutter, und auch im Büro leistete sie erstklassige Arbeit. Zärtlichkeit war ihr nicht unangenehm, aber sie war ihr nicht so wichtig wie mir.

Erst als wir herausfanden, dass wir mit unserem Bedürfnis nach Liebe aneinander vorbeilebten, konnten wir auf Veränderung hoffen. Als Traudi anfing, von sich aus zärtlich zu werden, geschahen ganz unerwartete Dinge. Vieles veränderte sich. Als ich wieder überzeugt war, dass sie mich liebte, konnte auch ich verstärkt ihren Bedürfnissen entgegenkommen.

Bewusste Zärtlichkeit braucht Zeit. So lernen wir den Partner besser verstehen. Was mir Freude macht, macht nicht unbedingt auch Traudi Freude, aber wenn man mehr aufeinander eingeht, können beide Erfüllung finden.

Entdecke auch du die Muttersprache der Liebe

Wenn auch du den Liebestank deines Partners immer gefüllt wissen möchtest, ist es entscheidend, dass du seine Muttersprache der Liebe kennenlernst. Dafür muss man zunächst aber auch die eigene Liebessprache entdecken und darüber Bescheid wissen. Dr. Chapman rät dazu, in aller Ruhe zu überlegen, welche die persönliche Liebessprache sein könnte. Auch Fragen können dabei helfen, wenn die Entscheidung schwerfällt, wie zum Beispiel: Wonach sehne ich mich am meisten? Doch selbst diese Frage ist oft schwierig zu beantworten. Konkret gibt es drei relativ sichere Möglichkeiten, um die Wahrheit herauszufinden.

1. Was kränkt mich ganz besonders am Verhalten des Partners? Das Gegenteil davon ist wahrscheinlich deine persönliche Liebessprache.
2. Was erbitte ich besonders häufig von meinem Partner? Das, was du am häufigsten erbittest, ist wahrscheinlich auch der unmissverständliche Liebesbeweis.
3. Auf welche Weise bekunde ich meinem Partner meine Liebe? Die Ausdrucksmittel, die du benutzt, würden wahrscheinlich auch dir die Botschaft vermitteln, dass du dich geliebt fühlen kannst.

Zwei Arten von Menschen werden es vielleicht trotzdem schwer haben: jene, deren Liebestanks ohnehin gut gefüllt sind, und die anderen, bei denen die Liebestanks schon so lange leer sind, dass sie gar nicht mehr wissen, was für sie ein Liebesbeweis sein könnte. Aber auch diese Menschen können Antworten finden, wenn sie sich entsprechend damit beschäftigen. Hilfreich kann die Vorstellung des absoluten Traumpartners sein. Wenn man also die

Möglichkeit hätte, sich einen solchen zu schnitzen, wie müsste er sein, welche Eigenschaften würde er mitbringen? Dieses Bild kann meist die Frage nach der jeweiligen Liebessprache beantworten. Man darf nur nicht erwarten, dass sich alles von heute auf morgen verändert. Wie ich bereits erwähnt habe, hat es bei Traudi und mir einige Jahre gedauert, aber durch die Gnade Gottes haben wir es geschafft. Was mich rückblickend am meisten beeindruckt, ist, dass die Gespräche, die Seminare und das Buch über die fünf Sprachen der Liebe extrem viel in unserer Ehe verändert haben. Darüber ist die Freude groß, wenngleich wir für das Wesentliche auch entsprechend Zeit gebraucht haben, aber das macht nichts. Wichtig ist, dass es passiert, dass man es in Angriff nimmt, dass man sich für die Veränderung entscheidet.

Zur Liebe entschlossen

Wie kann es uns gelingen, die Liebessprache des Partners zu sprechen, wenn die vergangenen Niederlagen in unserer Beziehung nur Schmerz, Zorn und Groll hinterlassen haben? Die Antwort auf diese Frage finden wir nur, wenn wir ein entscheidendes Wesensmerkmal unseres Menschseins berücksichtigen. Wir sind Geschöpfe mit Bedürfnissen und einem freien Willen. Das bedeutet, dass wir leider allzu oft Entscheidungen mit schlimmen Folgen treffen. Wir verletzen andere durch Worte und Taten. Dann ist es an der Zeit zu sagen:»Es tut mir leid. Mir ist bewusst, dass ich dich verletzt habe, und ich möchte es in Zukunft anders machen. Ich möchte dich in der Sprache lieben, die du kennst, und mich auf deine Bedürfnisse einstellen.« Dadurch wurden schon viele Ehen gerettet, auch solche, die kurz vor der Scheidung standen. Das geschah dann, wenn sich die Beteiligten willentlich für die Liebe entschieden.

Die Liebe löscht die Vergangenheit zwar nicht aus, aber sie gestaltet die Zukunft neu! Das war auch bei uns so. Für mich gilt der Grundsatz: Ich entscheide mich täglich neu, das Bedürfnis meiner Frau nach Liebe zu stillen. Wenn ich ihre persönliche Sprache der Liebe kenne, wird ihre Sehnsucht gestillt und sie wird sich in meiner Liebe geborgen fühlen können.

Die Liebe ist aber nicht alles, was meine Seele begehrte. Ich habe einige Grundbedürfnisse wie Sicherheit und Selbstwert, und auch der Sinn in meinem Leben möchte gestillt werden. Das Verlangen, dem Sinn des Lebens auf den Grund zu gehen, ist die Antriebskraft für viele Handlungen. Da ich mit Gott in einer sehr intensiven Beziehung bin, kann ich ihn immer fragen: »Jesus, wie stellst du dir das vor? Welche Lösung hast du? Was soll ich dafür tun?« Der Barometer für meine Entscheidungen ist dann Freude und Frieden in Übereinstimmung mit dem Wort Gottes.

Durch den Wunsch, Gottes Willen zu tun, erhält mein Leben seinen Antrieb. Jeder von uns will seine Träume verwirklichen und im Leben etwas erreichen. Jeder bestimmt für sich, was für ihn sinnbringend ist, und wir bemühen uns, unsere Ziele zu erreichen. Das Gefühl, von Traudi geliebt zu werden, verstärkt für mich die Gewissheit, sinnvoll zu leben. Ich weiß: »Wenn mich jemand liebt, hat mein Leben einen Sinn.« Ich freue mich, dass mein Leben einen wichtigen Inhalt bekommen hat und auch ein Ziel.

Wenn Traudi Zeit, Kraft und Mühe in mich investiert, fällt es mir leicht, diesen Sinn zu sehen. Erfahre ich die Liebe, werden alle meine Bedürfnisse zu einer positiven Kraft. So kann ich mich meiner Vision widmen. Die wahre Liebe Gottes hat mich befreit. In vergangenen Krisenzeiten war eine tiefe Kluft zwischen uns beiden entstanden, und unsere Ehe war ein Schlachtfeld. Die Liebe ist nicht die Lösung für alles, aber sie schafft ein Klima der Geborgenheit, in dem es leicht ist, Antworten zu finden.

Obwohl wir so unterschiedlich sind, haben wir gelernt, in Freude, Frieden und Liebe zusammenzuleben. Wir möchten die guten Eigenschaften aneinander zur Entfaltung bringen. Es wurden in uns ungeahnte Kräfte frei und auch sinnvoll eingesetzt. Es heißt zwar »Geld regiert die Welt«, und das ist wohl auch traurige Realität, aber nur deshalb, weil so wenigen Menschen bewusst ist, dass die Liebe in Wahrheit viel stärker ist.

Immer wieder lerne ich Paare kennen, die frustriert und verzweifelt sind. Verzweifelt, weil sie die gegenseitige Sprache der Liebe nicht kennen und manchmal auch nicht einmal die eigene. Oft geschieht bereits nach mehreren Gesprächen Veränderung. Diese Ehepaare erzählen mir dann nach einigen Monaten, welche radikale Veränderung in ihrer Ehe bereits stattgefunden hat. Kann die Liebe in einer Ehe geboren werden?

Ja, der Schlüssel dafür ist, dass man die Liebe auch lebt! Der Weg ist der neue Bund in Jesus. Er hat uns die wahre Liebe auf diese Erde gebracht. Wenn wir aus seiner Liebe heraus- oder gar nicht erst hineingehen, handeln wir abseits des Willen Gottes. Wir sollten uns die Fragen stellen: »Habe ich diese Liebe wirklich verinnerlicht? Habe ich begriffen, was sie bedeutet?« Zunächst ist es wichtig, seine Liebe überhaupt zu verstehen. Je mehr wir von seinen Liebesbriefen (Botschaften) lesen, desto besser wird uns das gelingen. In der Bibel steht, dass die Liebe das Größte in der Welt ist. Sie ist die offenbarte Natur Gottes des Vaters. Denn er ist die Liebe. Die Liebe macht den Unterschied. Ohne Liebe ist auch die Suche nach dem Sinn des Lebens reine Vergeudung. Wir werden ihn so nicht finden. Nur die Liebe befreit uns, weil wahre Liebe immer befreit.

Liebe nur für Liebenswerte?

Häufig bekommt Dr. Chapman die folgenden Fragen gestellt: Ist es möglich, jemanden zu lieben, den man hasst? Ist es möglich, einen Ehepartner zu lieben, der einem zum Feind geworden ist? Ist irgendein Mensch dazu in der Lage? Kann man jemanden lieben, der einen verflucht, misshandelt, verachtet und hasst? Seine Antwort ist Ja, aber einfach ist diese Übung nicht. Denn der Zorn, der nicht im Gespräch aufgearbeitet wird, entwickelt sich zu Hass.

Auch hier ist Jesus einmal mehr ein leuchtendes Beispiel, denn er sagte: »*Aber euch, die ihr hört, sage ich: Liebt eure Feinde; tut wohl denen, die euch hassen; segnet, die euch fluchen; betet für die, die euch beleidigen ... Und wie ihr wollt, dass euch die Menschen tun sollen, tut ihnen ebenso.*« (Lk 6,27–28.31 ELB)

Das liest sich wunderschön, aber wie funktioniert das im Alltag, wo die Verletzungen ganz tiefe Wunden geschlagen haben? Damals fragten Traudi und ich uns, ob wir dazu auch fähig wären. Ist irgendein Mensch überhaupt fähig, das zu tun, wozu wir da aufgefordert werden? Ist es überhaupt möglich, einen Ehepartner zu lieben, der uns zum Feind geworden ist? Können wir jemanden lieben, der uns betrogen und manchmal auch gehasst hat? Würde Traudi nochmals das Vertrauen und die Kraft aufbringen, und würde ich mich jemals wandeln und auch ihr wieder Liebe und Zuneigung entgegenbringen?

Was wir uns gegenseitig vorwarfen, das verletzte uns tief, und diese Verletzungen machten uns zornig. Aber die Worte Jesu haben unser Herz berührt. Wir glaubten an seine Gnade, und dadurch konnten wir unsere Probleme auch überwinden. Uns wurde bewusst, dass Liebe ein Willensakt und eine Entscheidung ist. Wir durften erkennen, dass wir unsere Ehe zerstören würden, wenn wir unser Verhalten nicht änderten. Deshalb mussten wir mit unseren Urteilen, Forderungen und Schuldzuweisungen aufhören.

Glücklicherweise gelang es uns in geraumer Zeit, über unsere Differenzen zu sprechen, ohne uns gegenseitig zu richten und einander die Schuld geben zu wollen. Dadurch waren wir imstande, Entscheidungen zu treffen, ohne uns zu entzweien. Wir machten uns gegenseitig Vorschläge, ohne vom anderen die Durchsetzung erzwingen zu wollen. Als wir lernten, die Liebessprache des Partners zu sprechen, verschwanden auch langsam Bitterkeit und Groll. Wir waren bereit dazuzulernen, und das war einer der Schlüssel zum Erfolg. Bei manchen Ehepaaren, wo ein Partner nicht mehr dazu bereit ist, gestaltet sich das schwieriger. Aber meine Erfahrung ist: Wenn sich einer verändert, dann besteht auch für den anderen die Chance für Veränderung.

In Lukas 6,38 (ELB) heißt es:»*Gebt, und es wird euch gegeben werden: ein gutes, gedrücktes und gerütteltes und überlaufendes Maß wird man in euren Schoß geben; denn mit demselben Maß, mit dem ihr messt, wird euch wieder gemessen werden.*« Könnte dieses Prinzip der Liebe für die nicht Liebenswerten bis heute unverändert gelten und damit auch uns etwas sagen? Wir jedenfalls haben uns dafür entschieden.

Durch Gottes Wort und den Glauben an seine Lehre und Autorität hatten wir einen Anker, was mehr als ein Experiment war. Wir nahmen wieder Anteil am Leben des anderen. Liebe und Respekt wurden wieder Realität. Unsere Ehe wurde wieder lebendig. Durch das positive Echo fühlten wir uns auch emotional wieder angesprochen. Dadurch füllten sich unsere Liebestanks und nach einiger Zeit wurde unsere Ehe erneuert.

Jeder, der in seiner Ehe ein Wunder braucht, sollte sich auf dieses Experiment einlassen. Ja, es hat uns einige Mühe und Anstrengung gekostet, aber dafür wurden wir reich belohnt. Wir sind wieder glücklich miteinander. Auch viele andere Ehepaare haben dieses Wunder erfahren. Nicht, was wir wissen, verändert unser Leben, sondern das, was wir umsetzen!

Die Beziehung mit Gott ist das wichtigste Fundament für die Fähigkeit zu lieben. Was wir Liebe nennen, wenn wir Gott nicht haben, ist nur etwas, das auf Egoismus und Selbstsucht gegründet ist. Ohne Gott sind wir unfähig, der Selbstsucht standzuhalten. Es gibt einen inneren Kampf, der jedes Leben berührt: Es ist der Krieg zwischen der Liebe und der Selbstsucht. Wenn die Liebe den Kampf verliert, findet das nächste Treffen vor dem Scheidungsgericht statt.

Nur Gott hat die Lösung und die Antworten für alle unsere Probleme. Er ist die Liebe – und zwar eine ganz besondere Art der Liebe, die den meisten Menschen fremd ist. Wenn man seine Liebe, also seine Kraft erst einmal für sich entdeckt hat, dann wird man sie überall erleben und weitergeben wollen.

Kapitel 21

Mein Leben als Unternehmer

Ich bin unsäglich dankbar dafür, dass ich Gottes Liebe erfahren durfte, weil sie auch mein Leben als Unternehmer maßgeblich beeinflusst hat. Jesus hat mich zum Glauben berufen und nach und nach mein Herz verändert. Das ist nicht mein Verdienst, aber es war meine Entscheidung – eine Entscheidung, die für meinen persönlichen Erfolg und für den des Betriebes wesentlich war. Obwohl ich nie geizig war und immer gerne gegeben habe, war ich in anderen Punkten alles andere als Jesus-ähnlich. Ihm nachzueifern war und ist mein großes Ziel. Davon haben auch meine Mitarbeiter profitiert. Vor allem jene, die mich aus früheren Jahren kennen und meine Verwandlung miterlebt haben, wissen genau, wovon ich spreche.

Es gibt ein festes Ritual in meinem Leben: Jeden Tag nach dem Frühstück ziehe ich mich zurück, um Gottes Herz zu suchen. Ich bete dafür, dass er mich durch den Tag führt – so wie Jesus sich jeden Morgen zum Beten zurückgezogen hat, damit er dann den Tag über den Menschen dienen konnte. Er ist mein Vorbild, und ich möchte ihm so gut wie möglich folgen. Das Dienen ist dabei ein zentrales Thema. Nachdem ich das erkannt hatte, machte ich mich auch im Betrieb mit diesem Grundsatz an die Arbeit.

Gott wird mich am Ende meines Lebens nicht fragen, wie viele Häuser ich gebaut habe. Er wird wissen wollen, ob ich meinem Herzen treu war und als echter Christ gelebt habe. Und als solcher habe ich einen Leitspruch: »Ich bin Gott verantwortlich und den Menschen verpflichtet.« Darum sorgte ich zunächst dafür, dass die Mitarbeiter die Möglichkeit erhielten, bei uns ihre Gaben und Talente entfalten zu können. Das ist ein Garant für Freude bei der Arbeit, wovon beide Seiten profitieren. Es war mein Ziel, dass meine Mitarbeiter ihre Bestimmung erfüllten und ebenfalls die Kraft des Dienens entdeckten. Die richtigen Menschen am richtigen Platz einzusetzen, ist Gold wert. Man kann nur jedem wünschen, dass er seine Stärken kennenlernen darf, Jesus in sein Herz lässt und sein Leben mit der Kraft des Dienens revolutioniert.

Menschen brauchen Wohlstand und Gesundheit. Aber dazu benötigen wir auch ein Maß, die Mäßigung und das Maßhalten. Einerseits brauchen wir Gewinn und anderseits Werte. Die Kunst ist, beides zu vereinen. Im vergangenen Jahr machte Wimberger-Haus erstmals mehr als 60 Millionen Euro Umsatz. Und obwohl die Baubranche in den letzten Jahren stagnierte, ist das Unternehmen jährlich stark gewachsen und hat neue Standorte errichtet. Ich freue mich sehr darüber, sage aber auch: »Wichtiger als Häuser zu bauen und Geld zu verdienen ist es, den Menschen von Jesus zu erzählen.«

An den Arbeitsplätzen in unserem Betrieb soll etwas von der Liebe Gottes sichtbar werden. Das ist das Entscheidende! Das Weitersagen der Botschaft ist wichtig, aber das Reden allein nützt nicht. Ich lebe diese Botschaft vor, so gut ich kann. Christliche Nächstenliebe, wie Jesus sie verstanden hat, ist für mich mehr als ein Schlagwort. Es soll mir gut gehen, aber den anderen auch.

Rückblickend bin ich sehr froh, dass ich mich nach der Unternehmenskrise dem Wachstum nicht versperrt habe. Ich hatte immer Angst, dass die Firma zu groß werden könnte, dass ich nicht mehr fähig wäre, alles zu steuern. Allein hätte ich das auch nicht geschafft. Ich musste also Kontrolle und Macht abgeben, und das war nicht leicht für mich. Andererseits stieg mit dem Wachstum auch die Verantwortung. Das war ein gutes Training für die Herzensbildung.

Wie einer Mutter, die bereit ist, mehreren Kindern das Leben zu schenken, und keine Kosten und Mühen scheut, diese großzuziehen, so geht es auch einem Unternehmer, der sich für noch mehr Mitarbeiter entscheidet. Man kann sie nicht nur aufnehmen, man hat auch die Verantwortung für ihren Lebensunterhalt und für ihre Familien. Der Firmeneigentümer muss dafür sorgen, dass die Mitarbeiter einer sinnvollen und erfüllenden Arbeit nachgehen können. Gott hat jedem Einzelnen von uns unterschiedliche Gaben und Talente geschenkt, mit denen wir anderen Menschen dienen können. Die Kraft des Dienens ist Gottes verborgener Weg zur Größe. Wenn jemand der Erste sein will, soll er der Dienern aller sein.

Dafür muss der Mitarbeiter aber auch gemäß seinen Talenten eingesetzt werden. Das hatte und hat in unserem Betrieb eine hohe Priorität. Auch schwächere Mitarbeiter habe ich akzeptiert und ihnen geholfen, ihre Stärken zu nutzen. Wenn ein Mensch bei der Arbeit mehr Spaß hat, ist auch der Output höher. Ich habe die Mitarbeiter nicht nur als Arbeitskräfte gesehen, sondern als einzigartige Menschen. Jeder hat seine Individualität und seine Sensibilität. Darauf haben wir, so gut es ging, immer Rücksicht genommen.

Im Zuge der Umstrukturierung schaffte ich auch die Geheimniskrämerei ab. Ich muss nichts hinter dem Rücken der Angestellten und Arbeiter verdienen. Ich habe unseren Mitarbeitern immer vertraut, und darum konnte ich die Karten auch offen auf den Tisch legen. Das galt für die Umsätze ebenso wie für künftige Projekte. Die Menschen wollen wissen, wohin die Reise geht. Sie möchten die Ausrichtung und die Schwerpunkte kennen. Viel mehr als das Geld interessierte sie immer das Ziel. Darum habe ich meine Zukunftsvisionen mit ihnen geteilt, weil sie die schließlich mittragen mussten, wenn wir Erfolg haben wollten. Das ist wie in einer großen Familie. Da kann auch nicht nur einer Pläne schmieden und die anderen darüber im Dunkeln lassen.

Generell haben Traudi und ich den Betrieb stets familiär geführt. Und noch heute besucht meine Frau die Mitarbeiter auf den Baustellen und bringt ihnen Aufmerksamkeiten. Das Hallo-Sagen und die kleinen Geschenke sind Zeichen der Wertschätzung. Freude kommt auf, wenn sie sich später in der Mitarbeiterzeitung mit Foto wiederfinden.

Wenn Mitarbeiter von Krankheiten geplagt sind, ist es mir ein Anliegen, sie zu besuchen, auch wenn es zeitlich nicht immer leicht für mich ist. Bei diesen Besuchen ergibt sich meist auch die Möglichkeit, ihnen von meinem Glaubensleben zu erzählen. Ich möchte meine Mitarbeiter dadurch aufrichten, aber kein aufdringlicher Missionar sein. Ich achte immer auf ihre Grenzen und respektiere sie.

Oft reicht es auch, den Menschen ein offenes Ohr zu schenken. Wir hatten im Betrieb zum Beispiel ein junges Paar, das regelmäßig ins Casino ging. Sie wollten von ihrer Spielsucht befreit werden, was ihnen durch mein Coaching auch gelungen ist. Da war die Freude natürlich auf beiden Seiten groß. Andere wiederum hatten Alkoholprobleme, bei denen ich versuchte, ihnen Hilfestellung zu geben. Ich wollte meine Erfahrungen aber nie jemandem aufzwängen, weil die Entscheidung zur Befreiung von dem Betroffenen selbst kommen muss. Manche mussten tief fallen, bis sie zur Veränderung bereit waren.

Unsere Mitarbeiter sind täglich damit beschäftigt, anderen Menschen ihren Lebenstraum vom eigenen Haus zu erfüllen. Dass sie sich einen solchen Traum auch selbst verwirklichen können, daran lag und liegt uns viel. Darum habe ich mich auch immer in Finanzierungsfragen für sie eingesetzt. Oft war es für Arbeiter schwierig bis nahezu unmöglich, Kredite zu bekommen. Nachdem ich mich davon überzeugt hatte, dass die Familie es schaffen konnte, rief ich bei der Bank an und sagte, dass ich für den jeweiligen Mitarbeiter meine Hand ins Feuer legen würde. Alle, die ein Haus bauen wollten, und das ist die Mehrheit, haben wir mit günstigen Schalungen und Baustoffen unterstützt. Dass unsere Angestellten und Arbeiter auch eigene Häuser haben, ist ein hoher Motivationsfaktor. Sie sollen doch wissen, wie es sich anfühlt, wenn die eigenen vier Wände fertig sind. Es wäre nicht fair, sie immer nur an den Traumhäusern der anderen arbeiten zu lassen, wenn sie das selbst nie erreichen könnten. So hingegen wissen sie genau um die hohe Bedeutung und den Wert ihrer Arbeit und ihres Einsatzes.

Hilfestellung leisten wir auch, wenn die Leute unsere Busse für private Zwecke brauchen. Sie müssen das nicht hinter unserem Rücken machen. Unsere Mitarbeiter können jederzeit zu uns kommen, egal mit welchem Anliegen. Wir haben ein offenes Ohr für sie. Manche Unternehmer meinen, dass Probleme die Privatangelegenheiten des Personals seien, aber die Menschen können ihre Sorgen ja nicht abschütteln, bevor sie in den Betrieb kommen. Also sind es auch die Probleme des Arbeitgebers. Abgesehen davon sollten Höflichkeit, ein respektvoller Umgang und menschliche Nähe Grundprinzipien sein, und zwar nicht nur von christlichen Unternehmern.

Die Umsetzung dieser Wertvorstellung beschert unserem Betrieb eine Stabilität und eine sehr geringe Fluktuation. Nur dadurch ist es möglich, auch unsere Kunden zu Freunden zu machen. Wir haben uns zum Ziel gesetzt, Harmonie in der Führungsmannschaft zu verwirklichen. Intrigen und Mobbing haben da keinen Platz. Das ist nicht immer leicht, weil eben Menschen am Werk sind, aber umso wichtiger ist es, zu den genannten Werten zu stehen und als Vorbild voranzugehen. Ohne Spaß, ohne Freude und ohne Herzblut kann man keine erfolgreichen Ideen entwickeln und umsetzen. Es geht um die hundert Kleinigkeiten, die das große Ganze ausmachen. Die Menschen sind das Kostbarste eines jeden Unternehmens, und das schließt natürlich auch alle rundherum ein: die Kunden, die Partnerfirmen und die Lieferanten.

Bis ich diese christlichen Werte leben konnte, musste ich selbst eine große Veränderung durchmachen. Dadurch veränderte sich auch die Begegnung mit meinen Mitarbeitern. Da trennte sich die Spreu vom Weizen, denn auch sie mussten sich entscheiden. Man kann diesen Stab durchaus mit einem Spitzenteam im Sport vergleichen. Einer allein wird in einem Fußballteam auch keine Wunder bewirken. Es ist leichter, gemeinsam auf ein Ziel hinzuarbeiten.

Wir sagen immer: »Uns gehört das, was wir verschenken.« Das Horten haben wir nicht gelernt. Darin waren Traudi und ich uns bei unserem Lebenswerk einig. Es ist eine Frage der Herzenshaltung, auch jene, die zum eigenen Erfolg beitragen, daran teilhaben zu lassen. Es gibt nichts Unchristlicheres, als den Profit auf dem Rücken anderer einzuheimsen und damit auch noch großzutun. Das nennt man Ausbeutung und ist eine der Hauptursachen für die vielen Probleme in unserer Welt.

Kapitel 22

Dienst in Honduras

Wohin das Prinzip der Ausbeutung führt, davon kann ich mich bei meinen regelmäßigen Reisen nach Honduras überzeugen. Mittlerweile engagiere ich mich dort einmal pro Jahr in verschiedenen Projekten und es ist immer wieder ein Erlebnis, das mich erdet, tief berührt und mein Herz weicher macht. Es hinterlässt aber auch ein Gefühl der Ohnmacht gegenüber dieser zum Himmel schreienden Ungerechtigkeit, für die nur eine Handvoll Menschen verantwortlich ist – jene nämlich, in deren Besitz die Ländereien sind. Gegen die Ursache kann ich also nichts unternehmen, aber gegen ihre Auswirkungen, und das tue ich.

Es begann, als der Architekt Gerold Steinbichl wegen der Baustelle eines Kunden in mein Büro kam. Das war mit Sicherheit eine göttliche Fügung. Gerold hatte schon früher mit seiner Frau Heidi sechs Jahre lang als Entwicklungshelfer in Peru gearbeitet und in weiterer Folge den Weg nach Honduras gefunden. Er erzählte mir von seinen Einsätzen in Lateinamerika und ich war fasziniert. Irgendwie spürte ich sofort, dass das auch mein Dienst sein sollte.

Mittlerweile ist es schon 20 Jahre her, dass ich zum ersten Mal mit Gerold Steinbichl nach Honduras flog, und damals erschienen mir diese Strapazen besonders hart. Mittlerweile habe ich mich daran gewöhnt, wenngleich die Herausforderungen die gleichen sind. Ich habe heute aber auch einen anderen Zugang dazu. Ich erinnere mich genau an die erste Reise. 40 Stunden dauerte es, bis wir in dem kleinen Dorf in der Region Santa Barbara ankamen. Dazwischen lagen ein langer Flug sowie Autofahrten über endlos scheinende, sehr schlecht befahrbare Wege. Was ich dann sah, hat mich erschüttert.

Für uns Mitteleuropäer herrschen dort unvorstellbare Lebensumstände in Not und Elend. Das liegt aber nicht daran, dass diese Menschen etwa faul wären. In dem Land liegt die Arbeitslosigkeit bei 60 %, und jene, die Arbeit haben, verrichten diese für drei Euro pro Tag. Sie schuften auf den Kaffeeplantagen der reichen Großgrundbesitzer und werden ausgebeutet. Diese Menschen sind auf Hilfe angewiesen, weil ihre Arbeit nicht geschätzt und entsprechend entlohnt wird.

Wasserversorgung ist der reinste Luxus und in diesen Dörfern nicht vorhanden. Darum haben sich Gerold und ich auf das Errichten von Wasserleitungen spezialisiert. Bis zur Quellenfassung absolvieren wir dafür stundenlange Fußmärsche, bei denen es an die Leistungsgrenzen geht. Die Hitze in Honduras ist enorm, und die hohe Luftfeuchtigkeit tut das ihre dazu. Darum habe ich zu Hause auch mit dem allmorgendlichen Laufen begonnen.

Noch wichtiger als die körperliche Fitness ist der Wille im Herzen. Wenn man nicht den tiefen Wunsch verspürt helfen zu wollen, kann man diese Strapazen nicht auf sich nehmen. Man muss die Liebe für die Menschen in Not spüren. Es hat auch bei mir Jahre gedauert, bis ich echtes und ehrliches Erbarmen empfinden konnte. Ich habe den Dienst zwar auch vorher getan, weil ich bereits den Ruf verspürte, aber diese tiefgreifende Barmherzigkeit hatte gefehlt.

Der Wendepunkt kam dann an einem Morgen, als ich um drei Uhr aufwachte und in den Garten unserer Unterkunft ging. Da wurde mir die fürchterliche Situation dieser Menschen bewusst. Es ging mir ganz tief ins Herz. Ich sah diese kleinen, zusammengeflickten Hütten und die Umstände, unter denen die Dorfbewohner lebten. Ich sah die Kinder vor mir, deren Eltern täglich ums Überleben kämpfen, und dabei kamen mir die Tränen. Es war so, als würde sich diese ganze Ohnmacht befreien wollen. Ich glaube, dass ich das vorher gar nicht so wirklich an mich heranlassen wollte, weil man nicht jede Not lindern kann, die einem dort begegnet.

Tage später kamen wir in ein noch entlegeneres, aber größeres Dorf, in dem über tausend Menschen wohnten. Als Erstes begegneten wir einer älteren Frau mit ihren Enkelkindern, die sagte:»Euch hat uns der Herrgott geschickt.« Sie konnte gar nicht glauben, dass jemand aus 10.000 Kilometer Entfernung kam, um sich um ihre Grundbedürfnisse zu kümmern und eine Wasserleitung zu bauen – ohne eine Bedingung zu stellen. Die Frauen und Kinder waren es gewohnt, täglich kilometerweit zu gehen, um das Wasser in die Hütten zu tragen. Diese Menschen haben gar nichts. Man lässt ihnen keine Würde. Von der Regierung gibt es lediglich Versprechungen, die aber nie gehalten werden. Sogar mit ihren Behausungen werden sie auf dem Land der Großgrundbesitzer nur geduldet.

Wiederum Tage später kam ich in ein kleines Häuschen, in dem sieben Personen lebten. Ein 50-jähriger Mann saß dort auf einem Sessel, und seine Frau sagte mir, dass der Familienvater bereits seit Jahren arbeitsunfähig war. Er litt an einer chronischen Entzündung am Unterschenkel. Die Wundfläche war offen und es war nichts als Eiter zu sehen. Für eine medizinische Behandlung hatten sie kein Geld. Wir ließen den Mann durch unseren Bauleiter ins Krankenhaus bringen, das drei Stunden entfernt war. Einem Pastor gaben wir dann das Geld für die Weiterbehandlung. Der Patient konnte zunächst zwar geheilt werden, aber wie wir später erfuhren, war die Entzündung nach einiger Zeit wieder ausgebrochen. Das ist frustrierend, und in solchen Momenten ist sie wieder da, diese Ohnmacht, weil man nicht jedem helfen kann. Dennoch darf man nicht aufgeben. Wenn wir eine solche Wasserleitung bauen, haben wir dafür einen einheimischen Bauleiter. Wir kaufen die Kunststoffrohre, bringen das Know-how, leiten die technischen Prozesse und die Finanzierung. Gerold hat sich das nötige Wissen für einen solchen Bau in Peru angeeignet und ich durfte von ihm lernen. Die Arbeiten selbst übernehmen die Menschen vor Ort, weil es ihnen ganz wichtig ist, dass sie etwas dazu beitragen. Wenn die Wasserleitung fertig ist, können sie zu Recht stolz darauf sein. 50 % der Leistung erbringen sie selbst, und das ist ganz wesentlich, damit sie sich nicht wie Almosenempfänger fühlen. Bei den kilometerlangen Grabungen müssen auch sie an ihre Grenzen gehen, aber umso schöner ist das Gefühl nach der Fertigstellung. Das Strahlen in ihren Gesichtern nach dem vollbrachten Werk ist unbezahlbar.

Die Freude über das erreichte Lebensziel ist so groß, dass das ganze Dorf zusammenkommt. Es werden Hühner geschlachtet und es gibt ein einfaches, aber schönes Fest im Freien. Oftmals spielen die Bewohner dabei auf alten Hackbrettern und Bambusflöten. Alkohol wird nicht getrunken, dafür köstlicher Fruchtsaft. Wir gehen dann jedes Mal von Haus zu Haus und überzeugen uns davon, dass die Wasserhähne auch funktionieren. Die Bewohner stehen da immer dabei und strahlen uns an.

Ewig wird mir in Erinnerung bleiben, wie ein pensionierter Lehrer aus dem Dorf mit einem alten CD-Player ankam und uns zu Ehren die österreichische Bundeshymne spielte. Das war ein Moment, der uns richtig unter die Haut ging. Gerold und ich fühlten uns wie Sportler, die es auf den obersten Podestplatz geschafft hatten. Diesen Augenblick würde ich aber gegen keinen Sieg im

Sport eintauschen wollen, weil ich weiß, dass Gott uns diese Anerkennung hat zukommen lassen. Dabei ging es auch nicht um Streicheleinheiten für das Ego, sondern um das Wissen, welche Veränderung eingetreten ist. Das war diese tiefe Rührung, die von der Freude und der Wertschätzung dieser Menschen ausgelöst wurde.

Unser Hauptdienst ist zwar der Bau von Wasserleitungen, aber wir finanzieren auch Radioschulen mit sechs jungen Lehrern. Auf diese Weise holen jährlich 600 bis 800 Jugendliche ihre Schulbildung nach. In den Hütten, in denen sie leben, steht dann ein Radio, über die der Unterricht übertragen wird. Einmal pro Woche kommt der Lehrer für fünf Stunden in den nächstgelegenen Ort. Es ist eine öffentlich anerkannte Schule, und zum Abschluss werden Prüfungen abgenommen. Rund hundert Schüler absolvieren auf diesem Weg pro Jahr sogar das Bachillerato (einen dem Abitur bzw. der Matura ähnlichen Schulabschluss).

Dass viele der dort lebenden Menschen Analphabeten sind, ist für sie eine zusätzliche Demütigung. Aber auch das ist Kalkül, denn je niedriger der Bildungsstand, desto leichteres Spiel haben die Großgrundbesitzer mit ihnen. Die Kinder und Jugendlichen wollen ja lernen. Wenn sie die Möglichkeit dazu bekommen, legen sie sich richtig ins Zeug und haben den nötigen Biss. Sie sind weder faul noch dumm, sie haben ganz einfach zu wenige Möglichkeiten, sich zu bilden. Unser Wunsch wären Ausbildungszentren für handwerkliche Berufe, da diese auch in den lateinamerikanischen Ländern goldenen Boden haben.

In einem Fall konnten wir einigen Kindern einer achtköpfigen Familie eine Ausbildung ermöglichen. Wir kamen zu der Zeit in ein Dorf, als ein schwerkranker Mann im Sterben lag. Er hinterließ seine Frau und Kinder völlig mittellos. So etwas wie Sozial- oder Arbeitslosenversicherungen gibt es dort natürlich nicht. Also haben wir die finanziellen Kosten übernommen. Mittlerweile haben einige von ihnen eigene Familien und Häuser in Santa Barbara. Sie haben die Zuwendung gut genützt und etwas aus sich gemacht. Dadurch ist nun die ganze Familie versorgt – auch jene, die mit ihrer Mutter im Dorf geblieben sind.

Die Kinder sind die Altersversorgung dieser Menschen. Was die Lebensmittel anbelangt, stammt fast alles aus Eigenproduktion und beschränkt sich meist auf Bohnen, Mais und Fladenbrot. Es gibt zwar einige wenige Verkaufsgeschäfte, aber viel wird darin nicht angeboten. Doch Cola, Fanta und Sprite sind überall zu finden. Diese »Luxusgüter« kann sich zwar ohnehin kaum jemand leisten, aber sie sind da. Auch daran kann man sehen, wie verkehrt dort so vieles läuft. Ungerechtigkeit und Profitgier regieren, wohin man schaut.

Wenn wir solche Bilder und die Nöte der Menschen in der Dritten Welt in den Medien sehen, blicken wir meist eiskalt darüber hinweg. Einerseits haben wir uns an derartige Schreckensbilder gewöhnt, andererseits wissen wir, dass wir nicht allen helfen können, und das lässt uns dann meist zu dem Entschluss kommen, dass man erst gar nicht damit beginnen muss. Die moralischen Schranken in unserer zivilisierten Gesellschaft liegen ja mittlerweile sehr tief. Unsere Regierungen unterstützen Kriege durch Politik sowie Waffenlieferungen und beteiligen sich an der wirtschaftlichen Ausbeutung. Das Geld einiger Weniger regiert die Welt. Und wir spielen dieses Spiel mit. Wie Marionetten hängen wir an ihren Seilen und lassen uns von der Angst, die ganz bewusst geschürt wird, anstecken.

Wir sollten keine Angst haben, dass uns jemand etwas wegnimmt. Wir müssen nicht befürchten, dass wir weniger haben, wenn wir geben. Das Gegenteil ist der Fall! Wenn wir mit Liebe denen geben, die unsere Hilfe brauchen, werden wir reich beschenkt. Dafür sorgt Gott. Das ist garantiert. Mir hätte wirklich nichts Besseres passieren können, als in diese Welt einzutauchen und die Nöte dieser Menschen vor Ort kennenzulernen. Dadurch habe ich eine große Lebensveränderung durchgemacht. Seitdem kann ich Liebe und Barmherzigkeit auf einer ganz anderen Ebene spüren als zuvor, als ich noch eine Art Panzer um mich trug. Das ist das Hauptproblem. Unsere Herzen sind vom Egoismus verhärtet. Ich erinnere mich gut daran, wie ich früher war. Je mehr ich verdiente, desto größer war die Angst, wieder alles zu verlieren. Das wäre dann ja auch fast passiert. Wenn wir die falschen Werte leben, werden wir früher oder später darauf aufmerksam gemacht – und wenn es sein muss, auch dadurch, indem wir unsere materiellen Güter verlieren. Die Angst ist ein riesengroßer Hemmschuh. Das war bei mir privat ebenso wie im Betrieb.

Auch in der Bibel steht: »*Denn was ich gefürchtet habe, ist über mich gekommen, und wovor mir graute, hat mich getroffen*« (Hiob 3,25). Die Angst kann uns nichts retten. Das vermag nur die Liebe. Als Christ folge ich Jesus nach, und der sagte, er sei gekommen, um zu dienen und sein Leben hinzugeben für viele (siehe Mk 10,45). Man muss nicht sein Leben geben, aber wenn man die Bereitschaft dazu hat, dann bedeutet das nichts anderes als Selbstlosigkeit. Damit ist das Ego ausgeschaltet und der Weg für das Dienen und den reichen Lohn wird frei.

Ich bin glücklich, dass auch mein Sohn Christian meine Einstellung teilt. Vor drei Jahren habe ich ihm das Bauunternehmen übergeben, und über die Art und Weise, wie er es führt, freue ich mich sehr. Sowohl wirtschaftlich als auch menschlich lebt er meine, das heißt die christlichen, Werte weiter. In meinem Tun unterstützt er mich großzügig, denn ohne diese Zuwendungen seinerseits wäre es mir nicht möglich, meinen Weg zu gehen und so karitativ zu sein. Ich bin sehr dankbar dafür, dass ich meinem Sohn die Firma auf einer so guten Basis übergeben konnte, auf der er immer weiter aufbaut.

Auch Christian ist für die 300 Mitarbeiter ein fairer Chef, der für sie da ist. Mittlerweile errichtet das Unternehmen bereits von Salzburg bis Wien Wimberger-Häuser und wächst stetig. Für mich ist es das beste Beispiel, dass Geben immer mit Segen verbunden ist. Ohne auch andere Menschen vom eigenen Erfolg profitieren zu lassen, kann man das Evangelium nicht verbreiten. Ich wünsche mir, dass wir als Unternehmer noch mehr zusammenrücken und gemeinsam Hilfsprojekte unterstützen. Der Lohn dafür ist nicht mit Geld aufzuwiegen.

Kapitel 23

Geben, um zu bekommen

Vor einiger Zeit habe ich ein Buch gelesen, das die volle Bestätigung für meinen Weg als Christ ist. Es heißt *Der Go Giver!* Bob Burgh und John David Mann beschäftigen sich in diesem internationalen Bestseller mit einer Geschichte über eine überaus kraftvolle Geschäftsidee. Kurz gesagt geht es um Erfolg, der dem Wohl vieler Menschen dienen soll, denn nur dadurch ist er überhaupt erst möglich.

Das Credo lautet: Je mehr man zu geben bereit ist, desto mehr wird man bekommen. Dieses Prinzip musste ich auch erst lernen. Dies gelang mir durch die Veränderung in meinem Denken und Herzen – das hatte bei mir oberste Priorität. Ich freue mich, wenn sich auch andere Menschen auf diesen Weg machen. Darum möchte ich auch die kostbaren Weisheiten dieses Buches weitergeben.

Die Geschichte des *Go Giver* lebt von fünf Prinzipien: Wert, Vergütung, Einfluss, Authentizität und Annahmebereitschaft. Das ultimative Geheimnis wirtschaftlichen Erfolgs liegt im Geben – eine Aussage, über die die meisten Menschen wohl zunächst lachen werden, und auch ich konnte das zuerst nicht so recht glauben, obwohl ich mein Leben lang stets gern gegeben habe und nie geizig war.

Es war die Gnade Gottes, dass ich es eines Tages nicht nur glauben, sondern auch erleben durfte. Gott erhörte meine Gebete, und damit begann für mich eine wunderbare Geschichte, wobei ich lernte, dass das Geben nicht etwas ist, das ich anderen schuldete, sondern ein Samen, den ich säen durfte. Auch in der Bibel steht: Alles, was der Mensch sät, das kann er auch ernten. Wenn man darüber nachdenkt, merkt man auch zwangsläufig, wie viele Samenkörner man in der Hand hält und welche Möglichkeiten man zum Säen hat.

Ursprünglich hatte ich mich selbstständig gemacht, um mehr Geld zu verdienen. Daran war ja grundsätzlich nichts Schlechtes. Jedoch brachte mich dieses Ziel dem ersehnten Erfolg und Lebensglück nur bedingt näher. Ich hatte das Wesentliche am Erfolg noch nicht begriffen. In meinem Herzen hatte ich ein falsches Bild davon. Im Buch *Der Go Giver!* wird diese – im Übrigen weitverbreitete – Haltung so beschrieben, als würde man zu einer Feuerstelle sagen: »Gib mir erst etwas Wärme, dann gebe ich dir einige Scheite Holz.« Es funktioniert aber, wie wir wissen, natürlich nur anders herum.

Bei mir war es so, als wäre ich in zwei Richtungen gleichzeitig gefahren, als wäre ich mit dem Auto unterwegs, aber immer nur in den Rückspiegel starren – einerseits zum Ziel gerichtet, andererseits stets darauf bedacht, dass mich weder Mitarbeiter noch Kunden ausnutzen konnten. Als mir eines Tages das Prinzip von Saat und Ernte sowie das von Geben und Teilen bewusst wurde, fiel es mir wie Schuppen von den Augen. Von da an schaute ich nur noch in die Richtung, in die ich auch fuhr. Ich verlor die Angst, dass mich Menschen ausnutzen könnten, weil ich merkte, dass dieses Prinzip einfach funktioniert. Wer gibt, bekommt! Der Erfolg basiert auf dem, was man im Herzen hat.

Wir sind alle mit dem falschen Bewusstsein aufgewachsen, unsere Welt sei voller Beschränkungen anstatt voll unerschöpflicher Reichtümer. Obwohl es eine Illusion ist, leben wir in einem ständigen Mangelbewusstsein. Auch ich sah eine Welt von Wettbewerbern anstatt die einer gemeinsamen Schöpfung. Wenn ich Menschen suche, die mich ausnutzen, dann werde ich sie auch finden. Man bekommt einfach immer das, was man erwartet. Das Gedankenkonstrukt für zukünftige Geschehnisse wird im Kopf gebaut. Erfolg geschieht in unserem Denken. Sowohl Armut als auch Reichtum sind Entscheidungen. Egal, woran ich glaube, es wird mir auf jeden Fall danach geschehen.

Ich wollte an den Erfolg glauben und auch daran, dass ich Menschen mit meinem Tun half. So kam es auch. Begeisterte Kunden empfohlen uns immer häufiger weiter, und dadurch stellte sich immer größerer Erfolg ein. Wir konzentrierten uns als Unternehmen nicht auf Egoismus und Gier, sondern auf das Wohl anderer. Dadurch hatte das Negative keine Kraft. Unser Handeln und die Beweggründe dafür waren wie ein gesundes Immunsystem: Selbst wenn man von Krankheit umgeben ist, steckt man sich nicht an.

Wir haben den Bau der Häuser für unsere Kunden zu einem unvergesslichen Erlebnis gemacht. Was zählt, ist der gewisse Mehrwert, die Aufmerksamkeit den Kunden gegenüber, die Leidenschaft zum Projekt, die zum Ausdruck kommt. Dadurch bekommt man auch viel zurück – in unserem Fall jede Menge positiver Mundpropaganda, die uns neue Kunden und Geschäfte beschert. *Der Go Giver!* nennt dieses Erfolgsrezept *Mehrwert*: Dein wahrer Wert wird davon bestimmt, wie viel mehr an Wert du gibst, als du an Bezahlung nimmst.

Dein Einkommen wird bestimmt durch die Anzahl der Menschen, denen du dienst, und wie gut du ihnen dienst – im Buch *Der Go Giver!* wird diese Maxime *Vergütung* genannt. Dienen wird grundsätzlich mit Sich-klein-machen gleichgesetzt. In Wahrheit ist es aber ein erhebendes Gefühl und ist aus einem Erfolgsrezept nicht wegzudenken. Wir entwerfen jeden Tag neue Häuser und bauen sie dann für unsere Kunden von Wien bis Salzburg. Indem wir ihnen gut dienen, helfen wir möglichst vielen Menschen, sich ihren Lebenstraum zu erfüllen. Nicht nur Liebe und Glück vervielfachen sich, wenn man sie teilt, auch der Erfolg tut es!

Das dritte Erfolgsgeheimnis lautet *Einfluss* – dein Einfluss hängt davon ab, wie sehr du die Interessen anderer über die eigenen stellst. Mein Egoismus hatte mir in der Vergangenheit immer nur Krisen beschert, sowohl in meiner Ehe als auch im Unternehmen. Ich durfte lernen, dass man damit in der Geschäftswelt nicht sehr weit kommt, zumindest nicht auf lange Sicht. Dazu habe ich ja schon einiges in Kapitel 15 »Die Ego-Falle« geschrieben. Je mehr man anderen den Vorzug gibt, desto freundlicher, liebenswerter und vertrauenswürdiger erscheint man diesen. Wir wissen nie, wem wir begegnen und wie wichtig dieser Menschen für uns selbst sein kann.

Eine Faustregel besagt: Das Erreichen eines jeden Zieles, das ich mir setze, kostet mich ca. 10 % an Fachwissen und technischen Fähigkeiten. Die übrigen 90 % sind emotionale und soziale Kompetenz.

Für mich ist das eine Bestätigung für meinen Erfolg als Ehemann und Unternehmer. Soziale Kompetenz, der Umgang mit Menschen, wie ich bin und wie ich meinen Mitmenschen begegne, all das nahm im Laufe der Jahre einen immer höheren Stellenwert ein. Es ist noch wichtiger als alle Techniken oder jedes Wissen. Entscheidend dabei ist, man selbst zu sein – und nicht eine einstudierte Rolle zu spielen. *Der Go Giver!* nennt diesen Kerngedanken *Authentizität* – das Wertvollste, das du anbieten kannst, bist du selbst.

Damit all das Geben in meinem Leben Früchte tragen konnte, musste ich auch das fünfte Prinzip beherzigen, das im Buch *Der Go Giver!* mit dem Begriff *Annahmebereitschaft* zusammengefasst wird. Der Schlüssel zu effektivem Geben ist, auch offen für das Annehmen zu sein. Dass man auch nehmen darf, damit haben viele Menschen Probleme. Oft trauen wir uns nicht, Geschenke anzunehmen, weil wir sofort darüber nachdenken, was wir im Gegenzug dafür geben könnten oder müssten. Wenn wir uns aber an die vier vorigen Gesetze halten, können wir uns das ersparen und einfach nehmen, was uns gegeben oder geschenkt wird. Daran ist nämlich absolut nichts falsch! So wie wir ausatmen, so müssen wir auch einatmen. Das sollte für uns ein ganz natürlicher Fluss sein.

Kapitel 24

Der Kern des Evangeliums:
unsere Reformation

In diesem Kapitel möchte ich auf die Bedeutung des Evangeliums eingehen, weil es einfach mit der ständigen Suche nach uns selbst und nach dem Sinn des Lebens zu tun hat. Es geht hier also nicht um eine geistliche Abhandlung, sondern um die weltliche Bedeutung des Evangeliums. Jeder kennt dieses Wort, ob aus dem Gottesdienst, aus der Bibel oder woher auch immer. Wenn uns etwas besonders wichtig ist, dann sprechen wir auch im Weltlichen vom »Evangelium« oder dem »Credo«. Es ist so geläufig, und dennoch wissen viele nicht um die wahre Bedeutung, um den Kern dieses Wortes.

Übersetzt heißt Evangelium »Frohe Botschaft«. Es ist also eine Botschaft der Liebe und der Freude. Das Evangelium ist ein Geschenk Gottes für unser Herz, denn nur dort können wir es begreifen. Mit dem Verstand ist diese Botschaft nicht zu erfassen. Es verkündet uns, dass Jesus durch seinen Tod am Kreuz all unsere Sünden getilgt hat und uns dadurch ein neues Leben geschenkt wurde. Aber wie steht es mit dem Annehmen dieser Botschaft?

Ich weiß, dass es so schwer zu glauben ist. Auch die Kirche vermeidet es tunlichst, die wahre Bedeutung des Evangeliums zu verkünden, weil die Menschen dann nicht mehr aus Schuldgefühl und Angst in die Gemeinde kommen müssten. Wie viel schöner ist das Wissen, dass Gott ein liebender ist! Wenn alle Menschen das wüssten, könnten sie aus dem Wollen heraus zu einer Gemeinschaft gehen, aus Liebe zu Gott, und nicht aus Angst vor ihm und weil sie glauben, Gott gefallen zu müssen.

Eigentlich ist es doch bedauerlich, dass wir jemandem, der aus Liebe zu uns seinen Sohn gegeben hat, mit Angst begegnen. Angst ist das Gegenteil von Liebe. Es ist sogar noch viel mehr, es ist wie eine Ablehnung dieser Liebe, dieses Geschenks, das uns Gott gemacht hat. Selbst für jene, die den wahren Wert des Evangeliums kennen und zumindest auf Verstandesebene begriffen haben, ist es schwer, es tatsächlich anzunehmen. Das ist so schade, weil es vergeudete Zeit ist – Zeit, in denen sich Muster festsetzen und in der die Programmierung unseres Geistes und unseres Herzens meist abgeschlossen und erstarrt ist.

Um dennoch das Geschenk des Evangeliums annehmen zu können, gibt es eine einfache Lösung: Der alte Mensch, also der, der du bis jetzt warst, muss sterben. Das liest sich jetzt vielleicht wenig gefällig, aber zum einen ist es symbolisch zu sehen und zum anderen ist es tatsächlich eine Erlösung. Es ist so, als würde man nicht länger einen mit Müll bepackten Rucksack mit sich herumschleppen.

Nur wer sein altes Leben hinter sich lässt, wer also diesen Müll abwirft, wer seine Identität, die Illusion seines Ichs loslässt, kann dieses neue Leben erfahren. Es ist nicht mehr, als sinnbildlich einen Schritt aus einem finsteren und schmutzigen Zimmer in ein lichtdurchflutetes und sauberes Zimmer zu machen, und dennoch fällt genau das vielen Menschen so schwer.

Mit diesem Schritt endet auch der Kampf mit der Vergangenheit, mit all ihren Verletzungen und Traumata, mit allen Schmerzen und Ungerechtigkeiten, die passiert sind. All das ist dann nicht mehr als eine Erinnerung an einen anderen Menschen. Das hat dann nichts mehr mit dir zu tun, weil du ja eine neue Identität angenommen hast.

Aber genau das, was die Heilung ist, ist für viele Menschen ein bedrohliches Szenario. Damit fallen nämlich auch sämtliche Entschuldigungen, Ausreden, Vergeltungs- und Rachegelüste weg. Es ist dann nichts mehr da, worüber man sich beklagen und wofür man sich selbst bemitleiden könnte. Das ist ein radikaler Schritt, dem eine Entscheidung vorausgehen muss.

Es ist der Schritt in ein neues Sein und ins Jetzt. Das Sein im Jetzt ist das Sein mit Gott. Gott wirkt immer im Jetzt, in diesem und in jedem Augenblick. Wir sind! Wir müssen niemand mehr werden. Außer eben dieser neue Mensch, nach dem wir uns alle so sehnen.

Dazu habe ich das Buch von Dr. James B. Richards *Becoming the Person You Want to Be (Werde der Mensch, der du sein willst)* gelesen. Es ist ein wirklich fesselndes Werk, das einen breiten Bogen vom Verlangen nach dem Sein bis zum Werden spannt. Es ist eine Art Leitfaden, der bereits Millionen Menschen auf ihrem Weg geholfen hat. Darum möchte ich dich auf den nächsten 20 Seiten auf eine extrem spannende Reise durch die einzelnen Kapitel mitnehmen, weil sie wirklich lebensverändernd sind.

Die positive Kraft des Verlangens

Das Verlangen an sich ist die beste und gleichzeitig die zerstörerische Kraft in unserem Leben. Es kann uns zu Gott führen, aber es kann uns auch von ihm entfernen. Es kann der erste Schritt sein in Richtung Vertrauen, oder der erste Schritt in Richtung Versuchung. Das Verlangen selbst ist eine positive Kraft, wenn man weiß, dass Gott alle Bedürfnisse stillt. Wenn der Hunger nach Erfüllung zur Suche nach Gott führt, geht die Reise über alles hinaus, was wir jemals gekannt haben.

Meist werden wir dazu verleitet, unserem natürlichen Verlangen zu widerstehen, so, als müssten wir damit Gott unsere Liebe beweisen. Wir sollten aber lernen, dass Jesus versprach, unsere Bedürfnisse zu stillen und unsere Sehnsüchte zu befriedigen. Anstatt daran zu glauben, fühlen sich die meisten Menschen schlecht, weil sie sich Dinge wünschen. Sie denken, dass das nicht richtig sei. Das ging mir genauso, weil ich noch nicht wusste, dass Gott ohnehin alle meine Bedürfnisse kennt. Ich wusste auch nicht, dass er verspricht, sie zu erfüllen, wenn er bei mir an erster Stelle steht. Erst als Gott die Quelle meiner Versorgung im Inneren wurde, änderte sich mein ganzes Leben grundlegend. Als ich herausfand, dass Jesus Zugang zu allen Verheißungen gibt, vervielfachte sich meine Liebe und Wertschätzung für Gott. Friede und Dankbarkeit ersetzten meinen Groll. Das war jener Moment, als mich mein Verlangen nicht mehr von Gott wegführte, weil es mit ihm nicht vereinbar war. Im Gegenteil: Es brachte mich immer mehr in seine Richtung. Damit veränderte sich auch mein Verlangen.

Aus der Psychologie wissen wir, dass es einige Dinge gibt, nach denen sich fast alle Menschen sehnen. Wir wollen **glücklich, gesund, erfolgreich sein und liebevolle Beziehungen** haben. Für gewöhnlich ist das alles eher schwer zu erreichen. Meist klafft eine große Lücke zwischen unseren Wünschen und dem, was wir erleben. Dafür suchen wir dann Erklärungen. Wir forschen nach dem Warum.

Auch ich war in diesem Erklärungsnotstand, in diesem Kampf gefangen. Ich hatte keine Hoffnung und sah keine Möglichkeit, meine Träume zu verwirklichen. Ich sah keinen Weg, wie ich diese Lücke hätte schließen können. Bis ich zu der Erkenntnis kam, dass ich etwas ändern musste, um meine Ziele erreichen zu können. Vorher glaubte ich noch, dass sich die anderen ändern müssten, zum Beispiel meine Frau und meine Mitarbeiter. Daher versuchte ich, die Führung zu übernehmen, während mein eigenes Leben immer mehr außer Kontrolle geriet. Meine persönliche Veränderung war der Schlüssel, aber das wollte ich nicht erkennen. Zu lange schreckte ich vor dieser Herausforderung zurück. Es schien für mich beängstigend und schwierig. Vielen Menschen geht es so, wenn sie nicht wissen, wohin sie den ersten Schritt tun sollen. Also machen sie gar keinen. Sie stehen still. Damit fehlt aber die Vorwärtsbewegung. Wer nicht Gottes Weisheit vertraut und Angst vor einer falschen Entscheidung hat, trifft dann meist gar keine. Unentschlossenheit bringt aber keine Hoffnung, keine Erleichterung und keine Möglichkeiten für eine Neuausrichtung.

Bei mir hielt dieser Zustand der Unentschlossenheit so lange an, bis das Verlangen nach Veränderung größer war als die Angst davor. Wenn das Verlangen groß genug ist, dann machen wir uns auf den Weg. Wenn wir etwas viel mehr wollen als irgendetwas anderes, werden wir es finden, egal was es kostet. In Jeremia 29,13 steht, dass Gott sagte: »*Ihr werdet mich suchen und finden, wenn ihr mich von ganzem Herzen suchen werdet.*«

Wenn das Verlangen stark genug ist, ist auch die Motivation entsprechend groß. Dann lassen wir uns nicht mehr ablenken, egal durch welche Verlockungen, dann können wir Hindernisse überwinden. Wir müssen nur fest genug entschlossen sein. Die meisten von uns wählen ihren Lebensstil jedoch so, dass er das größte Vergnügen und den geringsten Schmerz bringt. Richards nennt das »sich abfinden«. Es ist das Verweilen in der Komfortzone.

Wie können wir aber wissen, wann wir genug Verlangen haben, um die Entfernung zu unseren Träumen zurücklegen zu können? Richards hat zu dieser Frage eine altorientalische Geschichte über einen Mann aufgegriffen, der nach Erleuchtung suchte. Er verbrachte Jahre damit, jemanden zu finden, der ihm bei seiner Suche helfen konnte. Irgendwann einmal hörte er von einem Weisen, der allein als Mönch lebte. Als der hungrige Suchende den Mönch fand, traf er diesen meditierend an einem Bach an. Er eilte zu ihm und flehte:»Wirst du mir helfen? Ich suche Erleuchtung.« Zu seinem Schrecken packte der alte Mönch seinen Kopf und drückte ihn unter Wasser.

Und als es ihm schon wie eine Ewigkeit erschien, zog der alte Mönch den Kopf des Mannes wieder aus dem Wasser. Mit seinem ersten Atemzug begann der Suchende sich zu beschweren:»Was machst du da? Ich will nur, dass du mir zeigst, wie ich ...«Bevor er seine Erklärung beenden konnte, tauchte der alte Mönch ihn einfach wieder unter Wasser und hielt ihn für noch längere Zeit fest. Als der Kopf des Mannes wieder auftauchte, begann er erneut, sich vom ersten Atemzug an aufzuregen, zu beschweren und zu streiten. Zum dritten Mal tauchte der Mönch seinen Kopf unter Wasser und hielt ihn so lange fest, bis der Suchende dachte, er würde ertrinken.

Als sein Kopf schließlich aus dem Wasser auftauchte, schnappte er nur nach Luft. Er dachte nicht daran, sich zu beschweren oder zu streiten. Er füllte nur seine Lungen mit erfrischender Luft. Der alte Mönch sagte ruhig:»Wenn du Erleuchtung genauso begehrst wie diesen Atemzug, wirst du sie finden.«

Hier ist eine Schritt-für-Schritt Anleitung, die dich weg von Enttäuschung und hin zur Erfüllung deiner Verlangen leiten wird.

1. Mache eine Liste mit zehn Dingen in deinem Leben, mit denen du nicht zufrieden bist.
2. Mache eine Liste mit all dem Schmerz, den Leiden und den Sorgen in deinem Leben, die aus diesem Lebensstil resultieren.
3. Mache eine Liste davon, wie du diese Dinge haben wolltest, gäbe es keine Einschränkungen.

4. Mache eine lange Liste von so vielen Vorteilen, wie dir nur einfallen, die diese Veränderungen in deinem Leben, deiner Freude, deinem persönlichen Frieden, deinen Beziehungen zu anderen und deiner Beziehung zu Gott bringen würden.
5. Stelle sicher, dass die Liste von Vorteilen mindestens doppelt so lang ist wie die Liste der Probleme. Je länger, desto besser!
6. Stelle dir vor, wie es wäre, diese Vorteile zu genießen. Versuche, das so stark zu visualisieren, dass du regelrecht spürst, wie es sich anfühlt, diese Vorteile zu erleben.
7. Sinne dem nach, bis du eine Leidenschaft dafür entwickelt hast, diese Vorteile in deinem Leben zu haben. Als Erstes am Morgen und als Letztes am Abend ist die beste Zeit, um über diese Dinge nachzudenken. Erkenne und erspüre, wie du die Vorteile dieser Veränderungen genießt.
8. Bestätige Gott, dass du weißt, dass er das Beste für dich will.
9. Triff die Entscheidung, dass du suchen wirst, bis du findest.

Entdecke deine Bestimmung

Seine Bestimmung zu erkennen und zu leben – wer träumt davon nicht? Wenn wir das schaffen, führt es uns zur Erfüllung unserer tiefsten Sehnsüchte. Man muss es aber auch wagen, seine Träume zu leben. Dabei geht es darum, das zu entdecken, was bereits in uns ist. Unsere Berufung entspringt unserem Sein. Es gibt viele Möglichkeiten, wie wir sie ausleben können.

Die meisten Menschen tun etwas, weil sie meinen, dadurch jemand sein zu können. Sie spenden zum Beispiel, weil sie sich dadurch gut fühlen: »Ich spende, also bin ich gut!« Es sollte aber umgekehrt sein. Das Tun, also in dem Fall das Spenden, sollte aus dem Sein kommen. Nicht der Verstand sollte das Signal senden: »Spende, dann bist du ein guter Mensch!«, sondern das Herz sollte das Signal senden: »Ich fühle mit diesen Menschen, also spende ich für sie.« Es ist also zuerst das Sein, das uns dazu veranlasst, Gutes zu tun, und nicht umgekehrt. Nicht das Tun macht uns zu einem besseren Menschen. Das ist eine Handlung, die ohne Basis und Wert auch wieder verpufft. So ist es mit allem Tun, das nicht aus dem Sein kommt.

Frage dich: »Was möchte ich von ganzem Herzen werden? Was unterscheidet mich von meinem Wesen?« Manche Menschen haben ein klares Bewusstsein von ihrer Bestimmung. Sie wissen, wohin sie gehen, weil sie ein klares Ziel vor Augen haben. Wer das noch nicht weiß, muss aber auch nicht fürchten, sich endlos abmühen zu müssen, um seine Bestimmung zu entdecken. Bereits heute kann der Tag sein, an dem du mit dem Plan Gottes startest.

Auch wenn wir uns das wünschen, wird es jedoch oft nicht so sein, dass Gott sich uns zeigt und uns unsere Bestimmung auf dem Präsentierteller serviert. Er sagt nicht: »Das ist deine Bestimmung.« Das würde es einfacher machen, und vielleicht würden wir dann nicht mehr denken, dass wir es ohnehin besser wüssten als Gott und dass sein Plan nicht so gut sei wie unserer. Fakt ist aber, dass Gottes Plan immer der beste ist, und den hat er uns ins Herz eingebettet. Darauf müssen wir hören. Wir dürfen uns nicht vor Entscheidungen fürchten und quälen.

Unentschlossenheit verursacht mehr Schmerz als eine falsche Entscheidung. Elia fragte die Menschen: »Wie lange hinkt ihr nach beiden Seiten?« Wer kennt das nicht: Mit einem Fuß steht man oft schon in einem neuen Leben, mit dem anderen aber noch im alten, und irgendwie weiß man nicht so recht, wohin man denn nun soll: vorwärts ins Ungewisse oder doch wieder zurück in die vertraute Bequemlichkeit? Das Fehlen von klaren Zielen untergräbt aber alle Anstrengungen, sodass das Leben noch komplizierter und schwieriger wird.

Was Gott uns ins Herz gelegt hat, das sollte unser Ziel sein. Es ist nicht nur gut für uns, sondern auch für andere. Die meisten Menschen versuchen, ihre Bestimmung zu entdecken, indem sie herausfinden wollen, was sie zu tun wünschen. Allerdings liegt unsere Bestimmung nicht in dem, was wir *tun* werden, sondern darin, wer wir *sein* werden! Zu werden ist viel wichtiger, als zu tun! Wenn du wirst, wer du sein sollst, dann wirst du tun, was du tun sollst! Das mag sich verwirrender anhören, als es ist.

Wenn man wirklich im Sein, also im Jetzt ist, kann man ohnehin nur tun, was man tun soll. Da gibt es keine Ablenkungen mehr. Gott formt das Herz unserer persönlichen Bestimmung. Alle unsere Wünsche sind von Gott, und wenn wir auf seinen Wegen gehen und ihm vertrauen, dann erfüllt er uns diese Wünsche auf seine Weise. Zu werden ist unser höchstes Ziel. Gott will, dass wir alle mit Jesus sind. In anderen Worten: Es ist unsere Bestimmung, verwandelt zu werden, zu wachsen und Jesus immer mehr zu ähneln. Das ist die Reise unseres Lebens. Jesus war ein liebender Diener. Er hat nie etwas aus Eigennutz getan.

Bist du gewillt, Gott mit deinem ganzen Herzen zu folgen? Bist du gewillt, deine Entwicklung vor die Suche nach immer mehr Information zu stellen? Bist du gewillt, der Mensch zu werden, den Gott haben will? Sorge dich nicht darum, wie du immer mehr wie Jesus werden kannst. Mach jeden Schritt, wie er sich ergibt und wie er sich dir zeigt. Entscheidend ist, dass der Wille für das Werk steht.

Die Kraft, zu werden

Jeder kennt wohl die Geschichte, in der Jesus zu dem gelähmten Mann sagt: »*Steh auf* ... *und geh hin!*« (Joh 5,8) Der Mann tat es einfach. Er diskutierte nicht mit Jesus, dass er das ja nicht könne, weil er gelähmt sei. Gottes Gnade bringt uns immer über unsere Grenzen, Macht und Fähigkeiten. So ist es auch mit der Veränderung. Aus uns heraus schaffen wir sie nicht. Das ist aber kein Grund zu jammern, weil Gott die Veränderung in uns bewirkt. Es bedarf keiner Erklärung, warum das alles nicht gehen könne. Es bedarf des Glaubens, dass es geht.

Nur wenige Menschen schaffen ihre Veränderung, obwohl Bücherläden voll von Selbsthilfe-Werken sind. Das Lernen hat seinen Wert, kann aber auch zum Stolperstein werden. Wir haben das Wissen über das Tun und Sein gestellt. Wissen, das man nicht umsetzen kann, frustriert. Alle Selbsthilfeprogramme der Welt haben eine grundlegende Schwachstelle: Sie funktionieren nur bei jenen, die schon ein sehr hohes Maß an persönlicher Stärke und Erkenntnis haben. Die Masse ist aber unfähig, die Information sinnvoll anzuwenden. Jene Menschen, die die größte Veränderung bräuchten, sind am wenigsten dazu imstande.

Außer mit Gottes Hilfe können sich Menschen nur so weit verändern, wie ihre persönliche Kraft reicht. Und so stark jemand auch sein mag, Gott ist stärker. Er wünscht sich, dass seine Verheißungen für alle Menschen gleichermaßen in Kraft treten. Es geschieht durch seine Gnade. Daran müssen wir glauben.

Es hat zwar einen Wert, wenn wir uns mit unseren inneren Ressourcen verbinden können, aber Gott liebt uns zu sehr, als dass er uns unseren eigenen Mitteln überließe. Er will, dass jeder von seiner Versorgung profitiert, nicht nur die Starken.

Auf der Suche nach Antworten übersieht man oft die naheliegende Lösung. Sie liegt vor uns, und wir erkennen sie doch nicht. Es ist wie in der Geschichte über den Mann, der täglich auf einer Kiste saß, um zu betteln. Jeden Tag schleppte er die Kiste auf die Straße, setze sich darauf und bat Passanten um Geld. Nachdem er Jahre bettelnd auf der Kiste gesessen hatte, fragte ihn jemand, was denn in der Kiste sei. Er hatte keine Ahnung. Es war nur eine einfache Kiste, die er Jahre zuvor gefunden hatte. Sie hatte die perfekte Höhe, um beim Betteln darauf zu sitzen. Es war ihm nie eingefallen, hineinzusehen. Als er endlich in die Kiste sah, entdeckte er, dass sie voller Geld war. Es war mehr als genug, um ein Leben lang bequem davon zu leben. So wie dieser Bettler entdecken auch wir den Schatz der Gnade Gottes oft nicht.

Durch die Gnade Gottes bekommen wir die Fähigkeit, das tun zu können, wozu wir aus eigenem Antrieb nicht imstande sind. Durch ihn können wir so leben, wie Gott es für uns vorsieht: in Liebe und Fülle. Christus ist bereit, unsere Herzen mit seiner Kraft zu füllen. Doch dafür braucht er Platz. Man kann nichts in ein volles Gefäß füllen. Solange wir nur auf uns selbst vertrauen, sind unsere Fähigkeiten begrenzt. Wenn wir uns aber Gottes Weisheit anvertrauen, kann auch Gottes Kraft wirken. Bist du bereit dazu? Bist du bereit, deine alte Einstellung und deine Gewohnheiten über Bord zu werfen?

Das höchste Gebäude der Welt wurde damit begonnen, dass in die Erde ein sehr tiefes Loch gegraben wurde. Jemandem, der nichts vom Bauwesen versteht, erscheint das vielleicht seltsam, weil es zuerst ja einmal in die entgegengesetzte Richtung geht. Aber dieser Schritt für das Fundament ist der wichtigste überhaupt. Ist das Fundament zu schwach, stürzt das Gebäude ein. Genauso müssen wir unsere alten Muster und Gewohnheiten ausgraben, damit Platz für das Fundament des Glaubens ist. Dann kann Gott unsere »Traum-Hochhäuser« errichten. Wenn Gott der Quell deines Fundaments ist, hast du die Kraft, zu werden und zu tun. Beginn einfach zu graben, indem du die folgenden Fragen beantwortest:

1. Wenn du unendliche persönliche Kraft hättest, was würdest du tun, was du jetzt gerade nicht tust?
2. Wie würde das dein Leben verbessern?
3. Weißt du, wie du Gottes Kraft in dir nutzen kannst?
4. Welche Schritte wirst du tun, um für Gottes Kraft Platz zu schaffen?
5. Mache eine Liste, um zu beschreiben, wie du sein und wie du dich fühlen wirst, wenn du Zugriff auf Gottes unendliche Kraft hast.

Das Paradox des Werdens

Einerseits wollen wir alle ein besonderer Mensch werden, aber andererseits haben wir Angst vor der Herausforderung des persönlichen Wachstums. Die Suche danach, neu und anders zu werden, führt uns zu Gott, weil wir bei ihm die Kraft zur Veränderung suchen. Wenn wir Jesus annehmen, dann ist dieser Teil der Suche beendet. Allein dadurch sind wir neu geworden. »Ist jemand in Christus, so ist er eine neue Schöpfung; das Alte ist vergangen, siehe, es ist alles neu geworden.« – so steht es in 2. Korinther 5,17 (SLT). Es ist den wenigsten bewusst, dass allein das Ja zu Jesus bereits reicht.

Dadurch sind wir erlöst und erneuert. Mit diesem Glauben sollten wir auch unser Denken erneuern. Wir müssen uns als neue Menschen wahrnehmen. Das ist die größte Hürde für neue Gläubige, wenn ihnen niemand sagt, dass sie eine neue Identität haben. Die meisten glauben, dass ihnen einfach nur ihre Sünden vergeben sind, und wissen nicht, dass sie sich nicht mehr selbst verändern müssen. Es ist vollbracht!

Bei der Wiedergeburt, also bei der Annahme des Glaubens an Jesus, musst du wissen:

1. Deine Sünden wurden dir vergeben.
2. Du hast das Geschenk der Gerechtigkeit erhalten.
3. Du bist für alles, was Gott für dich vorbereitet hat, qualifiziert.
4. Dein altes Ich ist gestorben!

Wenn du dich weiterhin so siehst wie früher, kannst du die Vorteile deines neuen Seins nicht erleben. Dein Hauptziel muss sein, deine Sicht von dir selbst zu ändern. Das Erneuern deines Denkens ist der Schlüssel, das Fundament deines Lebens als Christ. Dadurch beginnst du, dich als neue Schöpfung zu sehen. Du verlässt den Raum des *Werdens* und trittst ein in den des *Seins*.

Das ist der wichtigste Schritt überhaupt, weil er uns vom eigenen Werk wegbringt. Glaube ist das Vertrauen auf Gottes vollendetes Werk. Wenn man den Raum des »Ich bin« betreten hat, versucht man nicht mehr, sich selbst zu verändern. Man lässt sich durch Gott verwandeln, durch sein Licht, durch seine Kraft. Veränderung ist äußerlich, Verwandlung ist innerlich. Veränderung heißt: »Ich bin nicht, ich muss werden.« Verwandlung heißt: »Ich bin, und ich gebe mich einem Prozess hin.« Es ist dies ein Prozess, der von Gott geführt ist und den natürlichen Verstand übersteigt. Der Verstand meint: »Ich muss mich verändern, um Gott zu gefallen.« Der Geist aber sagt: »Gottes Kraft ist in mir.

Ich bin geworden. Ich gebe mich einfach seiner Kraft hin, die in mir wirkt.«

Das ist der große Unterschied, der über Sieg und Niederlage, über Erfolg und Scheitern entscheidet. Ein Mensch, der im Verstand zu Hause ist und demnach sein Denken noch nicht erneuert hat, kann keinen Zugriff auf Gottes grenzenlose Kraft haben, weil diese mit dem Verstand nicht zu erfassen ist. Der Verstand führt unweigerlich zum eigenen Werk, und das kann nur Frust erzeugen. Das ist so, als würde man alles versuchen, um Gott zu gefallen, ihn dabei aber ignorieren, weil man sich seiner Kraft nicht bedient und dieses kostbare Geschenk zurückweist.

Von allen zerstörerischen Faktoren im Leben eines nach Veränderung strebenden Menschen sind diese beiden die tödlichsten: erstens, die Entfremdung von der Kraft Gottes, und zweitens, die Zerstörung des Bewusstseins des Selbstwerts. Der größte Gefallen, den du dir selbst und Gott tun kannst, ist, dass du die Verwandlung, die schon in dir wohnt, anerkennst und dich ihr hingibst. Dadurch wird in dir jener Mensch frei, der du schon immer sein wolltest. Gott möchte seine Kraft in dir entfalten. Gib ihm eine Chance dazu. Vertraue darauf, dass es bereits geschieht, und höre auf dein Herz, denn dort wirkt Gott.

Von Beginn an

Der Selbstwert ist für uns Menschen ganz wichtig, und dennoch ist er ohne Gott nicht mehr als eine Illusion. Wer wir sind, sind wir nur in Bezug auf Gott. Wenn die Verbindung zu Gott nicht existiert oder zerstört wird, befinden wir uns auf der tiefsten Daseinsebene. Wer sich – warum auch immer – von Gott entfremdet, dem ist die einzige echte Quelle von Würde und Wert genommen.

Viele Menschen machen den Fehler, Gott und die Kirche gleich-zustellen. Durch den Machtmissbrauch, die Kontrolle und die Un-terdrückung, die in der Vergangenheit von der Kirche ausgingen und teilweise noch immer ausgehen, haben sie sich von dieser In-stitution losgesagt und bei der Gelegenheit auch von Gott – ein Irrtum, den jeder Betroffene korrigieren kann. Es ist nie zu spät. Es war nicht der Wille Gottes, dass die Kirche die Bibel oft falsch ausgelegt hat, um die Gedanken und das Leben der Menschen zu kontrollieren. Durch Manipulation mit unbiblischen Ideologien entstand ein negatives Bild von der Kirche. Das hat aber nichts mit Gott zu tun. Das ist nicht die Wahrheit Gottes. Vielmehr sind es die Werke jener Menschen, die dort an der Macht waren und sind. Das sollte man zu unterscheiden wissen.

Gottes Wahrheit geht über jede menschliche Vorstellungskraft hinaus, und die hat er durch den Heiligen Geist in uns gelegt. Wenn wir ihn annehmen, können wir in dem Bewusstsein leben, dass wir genau so sind und leben können, wie er das will: rein und geheiligt. Können wir glauben, dass unser Selbstwert ein von Gott gegebener ist, dann ist ein Leben in Freiheit möglich.

Menschen, die ihren Selbstwert gefunden haben, ist dies an-zumerken. Man hat das Gefühl, dass sie niemanden beeindru-cken müssen, sie scheinen nur das wahrzunehmen, was gerade ihre Aufmerksamkeit bekommt. Was sie tun, das tun sie voll und ganz – und vor allem *sind* sie. Die Bibel bestätigt das, indem sie sagt: »*Mehr als alles andere behüte dein Herz; denn von ihm geht das Leben aus*« (Spr 4,23 SLT).

Menschen ohne Selbstwert wiederum scheinen den Misserfolg förmlich anzuziehen, und auch das erklärt die Bibel: »*Ein verkehr-tes Herz findet nichts Gutes.*« (Spr 17,20) Das bedeutet also, dass unser Selbstwert in unserem Herzen zu finden ist – dort, wo ihn Gott eingebettet hat. Der Mensch, dessen Herz nicht mit Gottes

Wort übereinstimmt, kann nichts Gutes finden. Es scheint, als würde in seinem Leben nichts richtig laufen. Die falschen Überzeugungen in seinem Herzen werden ihm zum Verhängnis. Rückblickend muss ich sagen, dass das bei mir lange der Fall war.

Man kann auch nicht sagen, dass man keinen Selbstwert brauche, denn wir alle leben und funktionieren auf der Ebene unseres Selbstwertes. Wie du deinen Wert siehst, ist ein Ergebnis der Überzeugungen, des Glaubens, in deinem Herzen. Gott wollte, dass du dich selbst als sein Kind siehst und sein Erbe antrittst. Er hat dir deinen Selbstwert gegeben. Aus seiner Liebe und Wertschätzung für dich wird sich alles entwickeln, was du brauchst, um deine Bestimmung leben zu können.

Wenn du wissen möchtest, wie es um dein derzeitiges Selbstwertgefühl bestellt ist, kannst du die folgenden Fragen beantworten und die Übungen durchführen.

1. Wie würdest du deinen Selbstwert einschätzen?
2. Nimm dir ein paar Minuten Zeit und schreibe die Gefühle nieder, die du über dich selbst empfindest.
3. Wenn du einer neuen Herausforderung gegenüberstehst, denkst du dann meist, dass du das schaffen kannst oder zweifelst du daran?
4. Wenn du neue Leute kennenlernst, erwartest du, dass du angenommen wirst oder dass sie dich auf die Probe stellen werden?
5. Wenn du ein Foto von dir selbst siehst, was ist dein erster Gedanke?
6. Versuchst du, im Leben zu gewinnen, indem du andere überholst?
7. Schreibe einen Absatz darüber, wie du über dich selbst fühlen möchtest.

Den Wendepunkt überqueren

Viele Menschen haben jede Menge Potenzial, können es aber nicht ausleben. Es gelingt ihnen nicht, alles zu sein, was sie sein könnten. Ihre Begabungen und Talente arbeiten nicht für sie. Dr. Richards nennt sie »potenzielle Menschen«. Diese können extrem begabt und leistungsorientiert sein, und dennoch gelangen sie nicht an jenen Punkt, wo sich das Blatt zu ihren Gunsten wendet, wo die Waage kippt und alles zu fließen beginnt.

Der Wendepunkt kommt mit der Verwandlung der Überzeugung, denn die Überzeugung ist meist ein Aspekt der Selbstsicht, die innere Begrenzungen erschafft. Wie erwähnt heißt es in der Bibel: »*Mehr als alles andere behüte dein Herz; denn von ihm geht das Leben aus.*« (Spr 4,23 SLT). Auch die Begrenzungen in unserem Leben kommen aus den Überzeugungen unseres Herzens. Bis diese einschränkenden Überzeugungen in unseren Herzen verwandelt werden, können wir unsere persönlichen Begrenzungen nicht überschreiten.

Es ist ein Irrglaube, zu denken, dass Fähigkeit und Erfolg Hand in Hand gehen. »Potenzielle Menschen« wissen, dass sich die Ergebnisse nicht automatisch den Fähigkeiten anpassen. Die Möglichkeit und Kraft zu haben, ist nicht genug. Es braucht einen Katalysator, um den »potenziellen Menschen« dazu zu bringen, seine Fähigkeiten auch zu nutzen und über seine Begrenzungen hinauszukommen.

Dazu ist die Bestätigung Gottes notwendig, der Glaube daran, dass wir uns vor Gott nicht über Leistung definieren müssen. In der Beziehung zu ihm geht es nicht um Gefallen oder Missfallen. Viele Kinder erfahren in ihrer Erziehung, dass sie den Eltern dann gefallen, wenn sie Leistung erbringen. Wenn dies misslingt, wird meist Missfallen geäußert. Negative Motivation ist aber keine Motivation. Dadurch wird ein falsches Selbstbild geprägt. Egal mit welchen Fähigkeiten sie ausgestattet und mit welchen großartigen Ausbildungen sie ausgerüstet sind, diese Menschen können ihr Potenzial nicht umsetzen, weil ihr Selbstbild sie davon abhält, all das auch entsprechend ein- und umzusetzen.

Der Glaube, dass sie nicht gefallen können, zieht sich durch ihr Leben, und bedauerlicherweise wird dieses Muster allzu oft auch auf Gott projiziert. So muss auch das Selbstbild verwandelt werden. Die Bestätigung Gottes ist bereits in uns. Wir können aus dem Vollen unseres Potenzials schöpfen. Es ist nicht nur so, dass Gott uns das erlaubt, er wünscht es sich sogar von uns! Er schenkt uns die Kraft, die Begrenzungen unserer eigenen Muster zu überwinden und über den Wendepunkt hinauszugehen.

Die Kraft der Bestätigung

Ein Sprichwort besagt:»Die Person, die dein Leben am meisten beeinflussen wird, ist nicht die Person, an die du glaubst, sondern jene, die an dich glaubt.« Und genau so ist es. Wenn jemand an uns glaubt, fühlen wir uns sicher. Dann können wir über uns hinauswachsen, weil wir bestärkt werden. Vielleicht wird dieser Mensch auch strenger sein als andere und mehr von uns erwarten, aus dem einfachen Grund, weil er an unsere Fähigkeiten und Möglichkeiten glaubt. Solche Menschen können das Potenzial aus einem anderen herauskitzeln.

Gott glaubt aber noch viel mehr an uns, denn er weiß, was er uns mitgegeben hat und was in uns ist. Er schenkte uns die Bestätigung seiner Liebe und Annahme, indem er seinen Sohn für uns gab. Der Tod Jesu sollte uns Bestätigung genug sein. Wenn wir das erkennen, können wir über negative Einstellungen hinwegkommen. Durch diese Liebe haben wir die gleiche Befähigung erhalten, wie Jesus sie hatte. Sie ist uns oft nur nicht bewusst.

Stell dir vor, wie anders dein Leben wäre, wenn du plötzlich den Frieden Gottes in dir spüren würdest, ohne Besorgnis und Ablehnung. Aus Versagen würden Erfahrungen werden. Du könntest ein Leben ohne Angst leben.

Wenn du verstehst und glaubst, dass Gott dich liebt und annimmt, werden sich echter Friede und echtes Leben in dir ausbreiten. In allen Bereichen deines Lebens wird dir Befähigung geschenkt werden. Das Bewusstsein von Gottes Bestätigung wird das emotionale Fundament deines Lebens werden. Stell dir vor, dass Gott bei jedem Projekt, das du startest, hinter dir steht und sagt:»Ich glaube an dich. Du kannst das. Ich helfe dir!«

Diese Bestätigung hat eine Kraft, die nicht von dieser Welt ist. Dadurch kann man jede Aufgabe mit Überzeugung und Sicherheit angehen. Du weißt:»Ich schaffe das!« Mit dieser Einstellung wird nichts mehr sein wie früher. Jede Unsicherheit verschwindet durch die Bestätigung Gottes.

Zur Quelle zurückgehen

Als Gott uns erschaffen hat, hauchte er uns den Atem des Lebens ein. Wir sind mit Gott auf eine Art und Weise verbunden, die alles übersteigt, was wir verstehen können. Die meisten Menschen sind sich dieser Verbindung zu Gott nicht bewusst. Ohne dieses Bewusstsein kann aber kein Mensch der sein, zu dem er bestimmt ist. Nichts kann funktionieren, wie es sollte, wenn unsere Wahrnehmung verzerrt ist, unsere Emotionen verdreht sind und unsere Beziehungen erfolglos bleiben. Doch in Jesus bietet Gott uns die wiederhergestellte Verbindung zu ihm selbst an. Es liegt an uns, dieses Geschenk anzunehmen. Gott zwingt niemanden, etwas zu tun. Er drängt sich auch niemandem auf. Liebe kann ohne freien Willen nicht wirken. Darum muss der Mensch die Freiheit haben zu wählen. Nur dann kann er die Liebe Gottes kennenlernen. Gott akzeptiert alle unsere Entscheidungen.

Bevor wir diese aber treffen, sollten wir das Bewusstsein haben, dass der Mensch in Verbindung zu Gott und dem Rest der Menschheit lebt. Niemand ist eine Insel. Das alleinstehende Ich ist eine Illusion. Wir alle stehen in Verbindung zueinander. Jesus sagte: *»Ich und der Vater sind eins.«* (Joh 10,30) Wir sehen das oft nur als eine besondere Beziehung zwischen Gott-Vater und Jesus. Es ist aber mehr als das. Jesus ist eins mit Gott und er zeigte uns, dass auch die Menschen eins mit Gott sind. Das eint uns mit Jesus – wir sind Kinder Gottes!

Gott ist unsere einzige Quelle. Äußerlich wird diese Quelle nicht zu finden sein, weil sie in uns ist. Die Unwissenheit darüber ist ein großes Problem für die Menschheit. Wir irren herum und suchen die Quelle, und dabei ist sie in uns. Irgendwann auf dieser Suche beginnen wir dann, die Quelle auszuwechseln und zu ersetzen: durch die Kirche, Gebete, die Bibel, Dienste oder andere gute Sachen. Diese Dinge sollten uns zu Gott führen, aber in Wahrheit sind sie meist nur ein Ersatz. Sie treten an seine Stelle.

Das mag lächerlich klingen, aber es ist so, als würdest du den Wasserhahn in deinem Haus nicht aufdrehen, weil du nicht glaubst, dass Wasser daraus kommt. Und das, obwohl der Hahn sogar manchmal tropft! Anstatt zu glauben, dass du das Wasser aus dem Hahn fließen lassen kannst, weil es von Gott gegeben ist, gehst du hinaus und machst dich auf die Suche nach einer Quelle, von der du Wasser holen kannst. Du betest zu Gott, dass er dich Wasser finden lässt, und liest Bücher mit Ratschlägen, wo du es finden könntest. Dabei ist das Wasser in deinem Haus. Du müsstest einfach nur den Hahn aufdrehen. Es ist da. Wenn wir uns dessen bewusst sind und wir das glauben, können wir alles schaffen.

Die gekreuzigte Realität

Das Evangelium ist die Erlösung. Die Erlösung ist einfach. Zu einfach, wie auch viele Christen meinen. Sie versuchen, ein gottgefälliges Leben zu führen und scheitern – frei nach dem Motto: »Die Botschaft hör ich wohl, aber mir fehlt der Glaube«. Dann bedienen sie sich verschiedener Techniken und Methoden, die aber nicht mehr als Straßen sind, die zum Ziel führen *können*. Oft entpuppen sich diese Straßen jedoch als Sackgassen, weil das Ziel dabei völlig aus den Augen verloren wird.

Das Ziel ist das Vertrauen in das vollbrachte Werk unseres Herrn Jesus, eine bedeutsame Beziehung mit Gott-Vater und ein ständiges Bewusstsein von »Christus in dir«. Bücher, Lehrer und Sonstiges können dir an sich nicht helfen. Sie können nur ein Wegweiser zur Quelle sein. Sie sind aber nicht die Quelle selbst! Zu oft geht das Evangelium im Labyrinth der Methoden verloren. Wenn die Methoden wichtiger werden als Gott, dann wird die Methodik zum Stolperstein.

Viele Menschen sagen, dass sie um das Evangelium wissen. Etwas zu wissen und etwas zu erleben, ist jedoch nicht dasselbe. Im Neuen Testament ist das Wort »wissen« untrennbar mit dem Wort »erleben« verbunden. Eine Information ist aber weit weg von der erlebten Wirklichkeit. Das Erleben hat nämlich mit Glauben zu tun.

Um der Mensch werden zu können, der du sein willst, also ein Mensch, der in beständigem Frieden, Erfolg und Freude lebt, musst du deine Vergangenheit hinter dir lassen. Jesus gab sein Leben nicht, um dein Leben aufzuräumen. Er tat es, um dir ein *neues Leben* zu geben! Der Mensch, der du warst, ist tot. Stell dir vor, dass du mit Christus gekreuzigt wurdest und ebenso wieder neu geboren wurdest.

Manchmal ist es natürlich auch wichtig, Probleme aus der Vergangenheit zu verarbeiten, aber vor allem muss man sein Denken in dieser neuen Wirklichkeit erneuern. Wenn man ständig denkt, dass es im alten Leben etwas zu erneuern gibt, funktioniert das neue Leben nicht. Das Alte ist vorbei. Niemand kann an der Vergangenheit drehen. Wichtig ist das Jetzt, denn darin wird die Zukunft gestaltet.

Christus hat sich im Austausch für unsere Sünden hingegeben. Das ist das Herz des Evangeliums. Im Neuen Testament nennt man das Versöhnung. Gott hat sich mit den Menschen versöhnt, damit sie frei von Sünde leben können.

Die gestohlene Identität

Das Problem ist nun, dass man nicht zwei Menschen auf einmal sein kann. Niemand kann das. Du kannst nicht sein, wer du sein willst, wenn du denkst, du wärst der, der du früher warst. Wenn vergangene Ereignisse noch heute dein Leben zerstören, dann nur deshalb, weil du sie ständig ins Jetzt rufst. Wir neigen dazu, das zu tun – aus welchen Gründen auch immer. Damit haben diese Ereignisse aber noch die Macht, uns zu verletzen, und das tun sie dann auch. Du lebst also mit einer gestohlenen Identität und leidest auch noch darunter.

Eine Forschung zeigt, dass unser Herz – und nicht unser Verstand – uns langzeitige Erinnerungen schenkt. Es gilt also nicht nur, unser Denken zu erneuern, sondern auch unser Herz. Wenn wir glauben, dass Christus in uns lebt – und nur dann! – verändert sich automatisch das Erleben unseres Herzens. Wenn sich das Herz verändert, geschieht dasselbe mit dem Selbstbild. Dann sehe ich mich als einen anderen Menschen. Die Person, die ich gewohnt war zu sein, wird zu einer Erinnerung an jemanden, den ich gut kannte, um den ich mich heute aber nicht mehr kümmern muss. Ich bin sogar froh, dass er weg ist.

Eine falsche Realität erschaffen

Uns muss bewusst sein, dass das wachsen wird, was unsere Aufmerksamkeit bekommt. Wenn wir unsere Aufmerksamkeit auf Gott richten, werden wir sein Wirken in uns stärker erleben. Gott selbst kann man natürlich nicht größer oder stärker machen, aber das Erleben seiner Kraft in uns kann sich vergrößern.

Genauso wie sich unsere Erfahrung mit Gott vergrößern kann, ist es uns aber auch möglich, eine falsche Realität zu erschaffen.

Paulus forderte die Epheser auf, den neuen Menschen »anzuziehen«. Er sagte nicht: »Bringe den alten Menschen in Ordnung«. Den neuen Menschen anzuziehen ist der Prozess, mit dem das Denken erneuert wird. Es ist das Ende der Macht deiner Vergangenheit.

Damit kannst du die Vergangenheit auch nicht länger als Argument oder Ausrede für heutige Entscheidungen und Taten heranziehen. Du würdest damit einerseits das vollendete Werk Jesu verleugnen und andererseits eine Illusion bestärken. Die hatte aber schon viel zu lange die Kontrolle über dein Leben. Damit wärst du erneut in einer falschen Realität.

Veränderte Form der Realität

Als frisch bekehrter Christ fand Dr. Richards bei Diskussionen mit anderen Christen heraus, dass nur wenige Jesus beim Wort nahmen. Von ihrer Teilnahmslosigkeit war er entsetzt; wie wenig überzeugt sie waren, schockierte ihn. Er konnte nicht verstehen, dass Menschen Jesus ihr ewiges Leben anvertrauten, aber nicht ihr jetziges. Darüber sprach er eines Tages mit einem Pastor und der sagte:»Mein Sohn, die Bibel ist das einzige Buch der Welt, bei dem hochintelligente Menschen sofort ihren Verstand verlieren, wenn sie es öffnen.«

Es dauerte Jahre, bis Dr. Richards den Sinn dieser Aussage erkennen konnte. Dann wurde ihm klar, dass die meisten Gläubigen wie in»Trance« der Kirche hinterhermarschierten, und deren »Melodie« war die Religion. Der US-amerikanische Pastor John Osteen sagte einmal:»Religion ist wie eine Impfung, die gegen den wahren Glauben immun macht.« Dieser Vergleich soll wachrütteln und das Augenmerk auf das Evangelium richten, denn das wird viel zu wenig gepredigt. Vermutlich, weil es wirklich befreit.

Viele Christen leben in einer veränderten Form der Realität, und die veränderten Bewusstseinsformen bringen sie dazu, Wege der Zerstörung einzuschlagen. Diese scheinen vorerst nicht gefährlich zu sein, aber wenn die Katastrophe dann eintritt, kommt sie wie ein Anfall – plötzlich und unerwartet. Man verliert die Kontrolle, sobald man sich über die Grenze begibst. Der Junkie realisiert auch nicht, dass er sich eine Überdosis setzt, ebenso wie der Betrunkene nicht weiß, was er redet oder wie er sich benimmt, weil er ja betrunken ist. Sie alle unterliegen einer Täuschung. Jeder glaubt, er hätte die Kontrolle, bis es zu spät ist. So geht es auch Gläubigen, die in einer veränderten Realität leben. Solange man in der Vergangenheit lebt, ist es nicht hell genug, um den neuen Weg zu sehen. Nur wenn ich die alte Realität verlasse, und wirklich nur dann, kann die Verheißung des Lebens als neue Schöpfung eine für mich erreichbare Realität werden. Wenn ich die alte Identität loslasse, beginnt die neue Identität in meinem Herzen zu wachsen, und ich beginne, mich selbst in Christus und nicht mehr in meinem eigenen Werk zu sehen.

Dieser Schritt ist nicht leicht, aber wenn unsere Logik das vollbrachte Werk verleugnet, dann muss sie einfach zerstört werden. Unsere Argumente und Schlussfolgerungen sind mehr als der Unterschied zwischen unserer und Gottes Meinung. Sie widersetzen sich Gottes Wissen. Unsere begrenzte Lebenserfahrung scheint uns zu bestätigen, unsere Meinung sei korrekt. Wir leben eine Lüge, und das Schlimmste daran ist: sie schränkt unser Erlebnis von Gott ein.

Für diese Realität, die weit über unsere Logik und Vorstellungskraft hinausgeht, müssen wir uns entscheiden, sie müssen wir annehmen. Eine Befreiung aus der Illusion gibt es nur durch Gottes Realität, die unsere bei weitem übersteigt. Nur ein Leben in der bewussten Annahme seiner Realität bringt Hoffnung.

Der verborgene Mensch des Herzens

In der sich ständig verändernden Welt müssen wir ständig Neues lernen und flexibel sein, um Schritt halten zu können. Ausbildung und Training sind immer ein Vorteil. Sie sind allerdings nur Werkzeuge – für unser Sein haben sie keine Bedeutung. Sie können uns nicht dabei helfen, jemand zu werden; sie können uns nur dabei helfen, etwas zu tun. Sie sind keine Quelle der Identität und auch kein Ersatz für Würde und Werte.

Wir unterliegen einer Täuschung, wenn wir unser Sein über etwas Äußerliches definieren wollen. Du musst dich entscheiden, ob du die neue Realität annehmen möchtest oder nicht. Befreie dich von all den Einschränkungen deiner alten Existenz. Du bist frei! Durch den Glauben wird Gottes Meinung auch zu deiner Meinung, und so wird seine Realität auch zu deiner. Dadurch kannst du das Leben in Christus so erleben, wie es wirklich ist. Der Ort, an dem du auf das Reich Gottes stößt, ist das Herz! Nur wenn wir sein Reich innerlich annehmen und unsere Aufmerksamkeit darauf lenken, werden wir seine Kraft auch wirklich erleben können.

In einer Illusion versäumen wir das Leben, das Gott uns geschenkt hat. Es ist so, als würde man jeden Tag darauf warten, dass es beginne. Wer kennt nicht diese Gedanken:»Wenn dieses oder jenes passiert oder wenn ich dieses oder jenes habe, dann beginnt das richtige Leben, dann bin ich glücklich.« Diese Gedankenspielereien sind mehr als eine Illusion, sie sind eine Lüge. Sie halten uns vom Leben im Jetzt ab.

Ein Leben auf Verstandesebene ist nichts anderes. Wir glauben zu leben, aber es ist nicht so. Die Hoffnung auf die Zukunft lenkt vom jetzigen Ich ab. Gott existiert nur in der Gegenwart! Die Kraft Gottes kannst du nur im JETZT erleben. Gott gibt uns in diesem Moment Leben. Durch die Illusion schauen wir auf das Äußere, anstatt auf das Innere zu achten. Die Hoffnung, in der Zukunft jemand zu werden, macht dich blind für das, was du jetzt bist.

Sich auf das Äußere zu konzentrieren ist so, als würde man eine Frau ausschließlich nach ihrem Schmuck bewerten. Es ist nichts gegen Schmuck einzuwenden, aber das ist nicht ihre Identität, ihre wahre Schönheit trägt sie innen. Anstatt uns im Spiegel zu betrachten, um herauszufinden, wer wir sind, können wir Bibelverse zur Hand nehmen, die etwas über unsere wahre Identität aussagen. Dann werden wir uns in einem völlig neuen Licht sehen. Sie führen uns zu Gottes Wahrheit, zur richtigen Quelle und nicht in die Illusion des Verstandes.

Das ist der entscheidende Unterschied zur Religion, denn Religion lässt dich nicht dich selbst und das Gute an dir erkennen und annehmen. Vielmehr fordert sie dich dazu auf, die schlechten Dinge an dir zu sehen und zu verbessern. Sie lässt dich glauben, du seist noch der alte Mensch, der Gott nur dann gefallen kann, wenn er versucht, sich zu bessern.

Wenn du aber die Gnade Gottes und das Gute in dir als wahr betrachtest, wird das dein Denken erneuern. Es wird deine Aufmerksamkeit von der Illusion des Werdens zur Realität des Seins lenken. Die Kraft Gottes formt dich um, damit dein ganzes Dasein mit deiner innerlichen Realität in eine Linie gebracht wird. Erkenne den verborgenen Menschen in deinem Herzen, sei wie Jesus Christus. Gott hat dir dafür alle Fähigkeiten geschenkt. Es ist an dir, sie anzunehmen.

Das ewige Jetzt

Wie du mittlerweile erfahren hast, ist die Vergangenheit erledigt. Sie ist vorbei. Jesus ist jetzt in uns. Die Zusagen Gottes gelten jetzt. Das ist die Kraft der Gegenwart. Warum also möchtest du diesen kostbaren Schatz in die Zukunft schieben? Vermutlich ist der Unglauben der Haken. Es könnte aber noch einen Grund geben. Wenn man etwas empfangen möchte, das für das Auge nicht sichtbar ist, muss Gott im Herzen leben. Nur dort besteht die Verbindung mit ihm. Unser Unvermögen, die Verbundenheit mit Gott in der Gegenwart zu erleben, ist einfach nur eine Spiegelung unserer Unfähigkeit, überhaupt in der Gegenwart zu leben. Dein neues Ich erlebst du in deinem Herzen und in der Gegenwart. Dessen solltest du dir bewusst sein.

Den Kampf, etwas zu werden, lässt man erst hinter sich, wenn man den verborgenen Menschen seines Herzens kennenlernt. Dann kann man die Realität des Seins annehmen. Du musst nicht mehr darauf warten, bis Gott dir etwas gibt. Du kannst Gott dafür danken, dass du es bereits hast. Du bist von den Einschränkungen des vergangenen Menschen befreit. Du musst nicht mehr darauf warten, jemand zu werden. Du bist es bereits!

Wenn man aufhört, nach Veränderung zu streben, ist man frei, um mühelose Verwandlung zu erleben. Sie geschieht einfach. Wer das glaubt und im Jetzt lebt, ist befreit von der Illusion der Vergangenheit.

Der Schatz

Menschen beizubringen, welchen Schatz sie in sich haben, ist keine leichte Aufgabe. Seine Aufgabe als Seelsorger sieht Dr. Richards darin, den Menschen bei der Bergung ihrer Schätze zu helfen. Wenn sich jemand verloren fühlt, muss er erfahren, dass Jesus bereits den Preis für ihn bezahlt hat. Wenn jemand bereits errettet ist, muss er erfahren, dass alles, was Gott für ihn hat, bereits in ihm ist.

Der Mensch neigt aber dazu, alles durch einen Filter des Selbstwertgefühls wahrzunehmen. Wenn es darum geht, die Ressourcen auch zu leben, die uns schon innewohnen, geht es um das *Sein*. Das mindere Selbstwertgefühl hört aber:»Das ist es, was du *tun* musst.« Da liegt ein großes Missverständnis vor. Forschungen beweisen, dass nur wenige Besucher von Seminaren das Gelernte auch tatsächlich anwenden.

Die meisten Menschen erreichen einen angenehmen Erfolgslevel, der aber bald zu einer Grenze wird, die sie nie überschreiten werden, unabhängig davon, wie viel Hilfe und Informationen sie bekommen. Sie werden nur selten über ihren Erfolg hinauswachsen. Auch hier möchte ich Sprüche 4,23 (SLT) wiederholen: *»Mehr als alles andere behüte dein Herz; denn von ihm geht das Leben aus.«*, da, wie bereits erwähnt, das Gleiche für die Begrenzungen in unserem Leben gilt. Auch sie kommen aus den Überzeugungen unseres Herzens. Informationen sind wichtig, aber für den Erfolg entscheidend sind die Begrenzungen. Um erfolgreich sein zu können, muss man auch das Herz dafür haben.

Es ist wichtig, zu erkennen, dass der Bedarf an Verwandlung meist größer ist als der an Information. Geschäftliche Probleme haben meist geistliche Ursachen. Misserfolg ist ein Produkt des Selbstbewusstseins. Wenn man sich selbst nicht als erfolgreiche Person sieht, als eine, die von Gott dieses Geschenk bereits bekommen hat, bringen alle Anstrengungen, erfolgreich zu werden, nur Schmerzen mit sich. Für Seminare können Menschen Unsummen von Geld ausgeben, aber solange sie nicht die Kraft des Seins entdeckt haben, nützt das alles nichts.

Gottes Kraft ermöglicht es uns natürlich, Dinge zu tun. Er will aber, dass unser Tun aus unserem Sein, also aus dem Herzen fließt. Ihm ist wichtiger, was du bist, als was du tust. Paulus sagt: *»Denn Gott ist es, der in euch sowohl das Wollen als auch das Vollbringen wirkt nach seinem Wohlgefallen«* (Phil 2,13 SLT). Du triffst deine Entscheidungen danach, wer du bist. Ohne einen guten Charakter kann diese Macht zerstörend sein.

Das lebendige Bewusstsein, dass Christus in deinem Herzen lebt, ist der Schlüssel dafür, göttlichen Selbstwert und Würde zu entwickeln. Das ist das Geheimnis des Evangeliums: »*Christus in euch, die Hoffnung der Herrlichkeit*« (Kol 1,27). Er hat die Verbindung von Mensch zu Gott wiederhergestellt. Er kam, um in uns zu leben. Wenn wir diese Offenbarung nicht als lebendige Realität annehmen, ist alles andere nur Information. Die Ressource Christus lebt in jedem Christen, aber nur wenige nehmen ihn in Anspruch. Das wäre aber so wichtig, damit du der Mensch sein kannst, der du sein willst. Dieses Bewusstsein bringt einen Menschen von seinem Bedürfnis, jemand zu werden, dazu zu *sein*. Tritt mit Jesus in dir in Verbindung. Lebe diese Beziehung! Sie wird dein Potenzial in Kraft umwandeln. Das ist der Schatz, den so viele suchen, aber nur wenige finden.

Der sinnliche Gläubige

Jesus sagte: »*Wer Ohren hat, der höre!*« (Mt 11,15). Das bezog sich sowohl auf das physische Gehör, beinhaltet aber auch eine tiefergehende Offenbarung. Es gibt eine tiefere Form des Hörens – im Geist. So ist das bei jedem unserer Sinne. Die Sinne zu schärfen ist Übungssache. Das gilt für die äußeren Sinne ebenso wie für die inneren.

Die geistlichen Sinne können wir durch das Gebet entwickeln und durch das Hören der inneren Stimme. Diese ist von Gott, und je mehr wir uns in die Stille begeben, desto besser können wir sie wahrnehmen. Darauf zu vertrauen und danach zu handeln, ist dann noch einmal ein anderer Schritt. Die meisten Gläubigen hören Gott nicht in ihrem Herzen. Sie entscheiden sich einfach für etwas und bitten dann Gott darum, es zu segnen. Sie glauben, dass es reicht, wenn sie einfach »im Namen Jesu« an einen Wunsch oder eine Bitte hängen. Dadurch werden Dinge aber noch lange nicht zu Gottes Willen.

Warum Jesus in Gleichnissen lehrte, erklärte er so: »*Es wird an ihnen die Weissagung des Jesaja erfüllt, welche lautet: ›Mit den Ohren werdet ihr hören und nicht verstehen, und mit den Augen werdet ihr sehen und nicht erkennen! Denn das Herz dieses Volkes ist verstockt, und mit den Ohren hören sie schwer, und ihre Augen haben sie verschlossen, dass sie nicht etwa mit den Augen sehen und mit den Ohren hören und mit dem Herzen verstehen und sich bekehren und ich sie heile‹*« (Mt 13,14–15 SLT).

Jesus versuchte nicht, die Wahrheit zu verstecken. Er sprach sie bewusst so aus, dass man die inneren Sinne entwickeln musste, um sie zu verstehen. Das bedeutete auch, dass jene, die nur von ihren fleischlichen Sinnen abhängig waren, die Wahrheit nicht verstehen konnten. Geistliche Erkenntnis ist eine Fähigkeit des Herzens. Wir wollen Gott oft durch unser Fleisch erkennen. Doch es ist unser innerer Mensch, mit dem wir Gott zuerst und tiefgehend kennenlernen.

Das Fleisch und unser alte Mensch sind dasselbe und alles läuft auf Selbstkontrolle, Willenskraft, Zeremonien, das Befolgen von Regeln und Ähnliches hinaus. Doch all das ist zum Scheitern verurteilt. Jeder kann die Entscheidung selbst treffen, wo er seine Aufmerksamkeit hinlenkt, welche Sinne er weiterentwickeln möchte, und welche Sinne er in Zukunft benutzen möchte. Die Frage ist: Möchtest du die Weisheit Gottes oder die Weisheit, die auf deinen natürlichen Sinnen basiert? Es ist an dir zu entscheiden, ob der Krieg in deinen Gedanken vom Fleisch oder vom Geist gewonnen wird.

Tückisch ist dabei die Gewohnheit, in die man so leicht zurückfällt und somit wieder so handelt, als wäre man immer noch der alte Mensch, der doch mit Christus gekreuzigt wurde. Damit beginnt wieder das selbstzerstörerische Syndrom des Werden-Wollens. Wenn sich der neue Mensch in dir hingegen den geistlichen Sinnen verschreibt, beginnt das neue Leben, dann geschieht Verwandlung, und du bist frei.

Die Abhängigkeit des Fleisches

Wir alle haben das Verlangen danach, ein erfülltes und bedeutsames Leben zu führen. Oft aber wird Erfüllung mit Glücklichsein verwechselt. Die Menschen suchen nach dem, was ihnen positive Gefühle verspricht, und dabei geraten sie in die Abhängigkeit des Fleisches. Es ist nichts anderes als der regelmäßige Konsum von Heroin, Kokain oder Alkohol. Und je mehr das von der Gesellschaft akzeptiert wird, desto normaler erscheint es. Sogar in der Kirche wird dem Leben im Fleisch applaudiert. Oft wird es auch als Geistlichkeit interpretiert und belohnt, weil es das Bedürfnis stillt, uns gut zu fühlen.

Andere sind für eine Veränderung einfach nur zu faul und manche denken, dass sie eine Erfüllung sowieso nicht erreichen können. Sie suchen nach einer Alternative zu Gott oder geben einfach auf. Jene, die auf der Suche nach der Erfüllung sind, verfolgen meist das falsche Ziel. Die fleischliche Suche nach dem Glücklichsein ist eine Reise in ein Leben, das ausschließlich von den natürlichen Sinnen geprägt ist und somit keine geistliche Erfüllung bringt.

Johannes sagte es so: »*Was gehört nun zum Wesen dieser Welt? Selbstsüchtige Wünsche, die Gier nach allem, was einem ins Auge fällt, Selbstgefälligkeit und Hochmut. All dies kommt nicht von Gott, unserem Vater, sondern gehört zur Welt*« (1Joh 2,16 HFA). Das System der Welt hat nichts anzubieten außer Momenten des Glücks, denn Glück ist immer nur eine Momentaufnahme. Es entfremdet uns von der Quelle in uns, von »Christus in dir«.

Dieses System und die Alternativen werden letzten Endes zu zerstörerischen Abhängigkeiten, die alles stehlen, was sie zu geben versprechen. Alles, was uns durch unsere fünf Sinne Vergnügen bereitet, hat das Potenzial, in die Abhängigkeit zu führen. Das gilt für Sex, Drogen, Pornographie und Macht ebenso wie für religiöse Handlungen.

Zunächst beschert das alles eine Euphorie, aber nach und nach brauchen wir es immer mehr, um überhaupt ein »normales« Leben führen zu können. Auch Religion ist etwas Fleischliches und Äußerliches. Sie widersetzt sich sogar Gott. Sie ist eine Abhängigkeit. Sie hängt von äußerlichen Anregungen ab, um Gott fühlbar zu machen. Wer den Geist nicht in sich sucht und findet, kann seinen Charakter nicht entwickeln.

Wer ein religiöses Lied braucht, um sich euphorisch zu fühlen, steckt in der gleichen Klemme wie jemand, der eine Droge braucht. Darum leben religiöse Menschen von einer besonderen Versammlung zur nächsten. Sie brauchen das Erlebnis, um sich Gott nahe zu fühlen. Mit der Zeit übernimmt religiöse Geschäftigkeit das wahre Leben. In dem Fall hat der Betroffene gar keine Zeit und keinen Raum, der zu sein, zu dem Christus uns gemacht hat. »Geh öfter in die Gemeinde, bete mehr, übernimm mehr religiöse Aufgaben«, das sind die Antworten in einer religiösen Umgebung. Niemand sagt diesen Menschen, dass sie Christus in sich haben. Sie werden nur abgelenkt.

Drogensüchtige verkaufen einen 500 Euro teuren Fernseher für 20 Euro. Sie verkaufen sich selbst in ein Leben in Armut. Auch Gläubige machen das. Sie geben ihr Leben für eine falsche Geistlichkeit weg. Es ist ja nicht falsch oder schlecht, schöne Erlebnisse zu haben. Auch die Emotionen sind uns gegeben, aber die sollten gesund und positiv sein. Unsere Überzeugungen werden bestimmen, wohin sie uns führen. Werden sie uns auf unserer Suche Gott näherbringen oder uns von ihm entfernen? Wir sollten uns immer vor Augen halten, dass ein äußerliches Erlebnis immer vorbei ist, wenn es vorbei ist. Eine wahre geistliche Erfahrung hingegen bleibt immer Teil unserer Verwandlung. Sie bewegt etwas in unserem Herzen, sie beeinflusst uns, um der Mensch sein zu können, der wir sein wollen. Wenn wir Gottes Wort nur mit dem Verstand oder auf emotionaler Ebene erfahren, dann verschwinden die Wahrheiten so wie das Erlebnis. Wer Christus in sich annimmt, braucht dieses Erlebnis jedoch nicht mehr. Er ist ein neuer Mensch. Dazu bringt Dr. Richards folgendes Beispiel: Wenn jemand bei einem Unfall entstellt wurde, wird er sich bei Begegnungen mit anderen Menschen fragen, was diese über ihn denken. Er wird unter seinem Aussehen leiden und sich nicht gut fühlen. Angenommen dieser Mensch bekommt durch eine Schönheitsoperation ein neues, hübsches Gesicht. Danach geht er zum Friseur, kauft sich neue Kleider und geht hinaus in die Welt. Eigentlich könnte er den Menschen da draußen nun ganz offen und bester Dinge begegnen. Wenn er aber vergisst, dass er jetzt wieder gut aussieht, und das Gefühl, das ihm sein entstelltes Gesicht bescherte, mitnimmt, dann wird er trotz allem leiden.

So ist es, wenn wir uns unserer neuen Identität nicht bewusst sind. Wir sollten in unser Herzen sehen, auf Christus in uns, und uns fragen: »Wie lässt mich das aussehen, im Licht meiner Neugeburt?« Dann sollten wir diese Identität betrachten und vor Gott anerkennen. Wir sollten das Bewusstsein, wer wir einmal waren, verlieren. Ab sofort haben wir ein Herz des Seins und nicht des Tuns. Es ist das Sein, das immer zum Tun führt, nicht umgekehrt! Der Mensch, der wir sein wollen, wird immer die richtige Entscheidung treffen, um die richtigen Dinge zu tun – aus dem Herzen heraus.

Solange wir von äußerlichen Emotionen und Befriedigungen abhängig sind, werden wir von der Bergspitze ins Tal und wieder zurück wandern. Das Leben ist dann eine nie enden wollende Achterbahn, ohne Aussicht auf Befreiung. Wenn wir aber im Herzen eins mit Gott sind, werden wir seine Berufung erfüllen und unsere Träume leben.

Berechnung der Wunder

Fälschlicherweise glauben viele Menschen:»Wenn ich bin, muss ich nichts tun.« Im Hebräerbrief steht dazu sinngemäß:»Du musst dich bemühen. Aber du mühst dich nicht ab, um jemand zu werden. Du bemühst dich, dich selbst von der Wahrheit zu überzeugen, wer du in Christus bist! Alles andere ist nur Berechnung.«

Berechnung ist in dem Fall der Unterschied zu Wundern. Die Menschen fügen ihrem Leben etwas hinzu oder sie nehmen ihm etwas weg. Wer sich fragt, was er hinzufügen muss, gesteht automatisch, dass er im Mangel lebt. Die Idee, etwas entfernen zu müssen, bringt auch oft Angst vor Mangel. Angst ist immer ein Gefahrenherd für negative Erlebnisse und Schmerz. Die Scheu vor Schmerzen hält viele Menschen von ihrer Entwicklung ab. Sie klammern sich lieber an das, was sie kennen, egal wie schlecht es ist.

Verwandlung ist aber die Bestimmung für den Menschen. Wir sind alle dazu bestimmt, Jesus gleich zu werden. Wenn wir uns dem Wachstum widersetzen, widersetzen wir uns Gott. Es geht nicht darum, das richtigzustellen, was wir an uns als falsch erkannt haben. Wir wachsen, weil wir die endlose Tiefe von Gottes

Liebe und Güte erfahren. Mit der Verwandlung ändert sich alles um uns. So erfahren wir eine beständige Lebensqualität. Dafür müssen wir uns laufend entwickeln. Meditation ist ein guter erster Schritt. Eines der alttestamentarischen hebräischen Wörter für meditieren bedeutet »immer wieder zu murmeln oder sich zu entwickeln«. Es geht um das Nachdenken und Nachsinnen über Gottes Wort. Damit beeinflusst und behütet man sein Herz. In Philipper 4,8 (NEÜ) steht dazu: *»Ansonsten denkt über das nach, meine Geschwister, was wahr, was anständig und gerecht ist! Richtet eure Gedanken auf das Reine, das Liebenswerte und Bewundernswürdige; auf alles, was Auszeichnung und Lob verdient!«* Das bedeutet gleichzeitig, dass es keinen Sinn macht, negativen Gedanken nachzuhängen, denn auch sie beeinflussen das Herz!

Beim Gebet und Meditieren kann man das Wort Gottes durchforschen, darüber nachdenken oder es sich lebhaft vorstellen. So begibt man sich in die Gegenwart, wo wir auch die Nähe Gottes erleben, und nur dort können Probleme gelöst werden. Wenn wir nach innen blicken, das Durcheinander des Verstandes zur Ruhe bringen und die Sicht nach außen reduzieren, dann beginnen wir, mit den Ohren des Herzens zu hören.

Eines der großartigsten Dinge, die uns passieren, wenn wir uns durch Gebet in die Realität Christi begeben, ist, dass uns bewusst wird, wer wir wirklich sind. Wir betreten den Raum des Seins und lassen Abhängigkeiten hinter uns. Jeder Mensch lebt aus und von seinem Selbstbewusstsein. Zu wissen und zu erleben, wer du in Jesus bist, wird dich zu hohen Leistungen befähigen, und zwar ohne große Mühen.

Das eingebildete Ich

Beim Verwandlungsprozess geht es um Entfaltung. Es geht nicht ums Werden, es geht ums Sein – wie bei einem Schmetterling, der bereits in der Raupe ist. Er muss sich nur entfalten! Sobald dieser Prozess abgeschlossen ist, denkt der Schmetterling nicht mehr, eine Raupe zu sein. Er weiß, dass er ein Schmetterling ist, und lebt auch entsprechend. Unser Denken sollte ebenso vorwärtsgerichtet sein. Ist es nämlich auf den alten Menschen ausgerichtet, beschränkt es die Möglichkeiten, ein neues Leben zu führen.

Stell dir vor, wie es wäre, wenn alle Schmetterlinge glaubten, sie wären Raupen. Sie würden nicht fliegen! Es ist an dir, dein neues Ich in deinem Bewusstsein freizusetzen. Du musst nicht versuchen, jemand zu werden, du bist jemand – jetzt! So wie du dich siehst, so wird dein Leben.

Die Zukunft ist jetzt

Wie wichtig es ist, was man über sich denkt, wie man sich sieht und wie das Jetzt ist, erklärt mein persönliches Beispiel. Ich wollte Autor werden, denn ich spürte ganz deutlich, dass mein Dienst stark im Schreiben lag. Damals hatte ich aber keinerlei Kontakte und auch kein Wissen darüber, wie man ein Buch verfasst.

Als ich dann mit einem erfolgreichen Autor befreundet war und ihm von meinem Herzenswunsch erzählte, fragte mich dieser:»Woran arbeitest du?« Ich antwortete:»Na ja, an nichts, ich…« Da unterbrach er mich und sagte:»Du wirst kein Autor sein. Entweder du bist ein Schriftsteller oder nicht. Wenn du wirklich schreiben wolltest, würdest du bereits schreiben.«

Ich verstand sofort, und du kennst das wohl auch: Alles, was man »irgendwann« machen möchte, macht man nicht. Der richtige Moment ist immer Jetzt. Entweder wir sind oder wir sind nicht, und genau danach leben wir. Eine Woche nach diesem Gespräch begann ich, mein erstes Manuskript zu verfassen. Alle Wünsche in unserem Leben bedürfen einer Entscheidung.

Indem ich einfach zu schreiben begann, brachte ich die Zukunft in die Gegenwart. Jeder kann das tun. Die Vergangenheit ist sowieso vorbei. Es gibt nur die Gegenwart. Man hat immer die Wahl, etwas zu sein, oder etwas werden zu wollen. Jeder Beginn öffnet ein verborgenes Tor zum Herzen.

Das Herz ist der Schlüssel zu einem Leben in grenzenloser Kraft. Es ist ein Ort, wo Gott mit den Menschen kommuniziert. Es ist der Sitz von allem, was wir sind. Wir müssen das Herz verstehen, wenn wir das Leben verstehen wollen. Nachdem der Verfasser der Sprüche die Vorzüge von Gottes Wort erläutert hatte und die Frage, wie man in Frieden und Gnade wandelt, fügte er hinzu: »... schreibe sie auf die Tafel deines Herzens« (Spr 3,3). Gottes Wort zu kennen, ist eine Sache, nämlich eine Information. Sich seine Worte hingegen aufs Herz zu schreiben, das ist etwas ganz anderes. Das gibt wahre Kraft und verändert das Wesen. Nur so kann man Ziele erreichen.

Beende dein Bemühen, zu werden. Beginne zu sein! Jeder Schritt auf dem Weg zum Ziel wird zum Genuss, wenn du weißt, wer du bist.

Das Ende des Anfangs

Nun hast du gelernt, was nur wenige Menschen je entdecken werden. Einst war dieses Geheimnis ein Mysterium. Der Kern des

Evangeliums überstieg das Wissen aller Gläubigen des Alten Testaments. Dieses Mysterium ist die Kraft des Seins. Das neue Du ist innerlich vollkommen geformt und grenzenlos. Durch deine Neugeburt und den Heiligen Geist bist du bereits alles geworden, was du je sein sollst, um in den Verheißungen Gottes leben zu können. Jetzt ist die Zeit, um aus dieser Kraft zu schöpfen. Versuche nicht, sie zu bekommen, versuche nicht, zu werden. Nimm dein wahres Du an, das nach Gott geschaffen ist, in Gerechtigkeit und Heiligkeit der Wahrheit. Jetzt ist die Zeit, mit deinem Herzen zu entscheiden, wie deine Zukunft aussehen wird. Glaube nicht, dass du darauf warten musst, bis Gott das tut. Wenn er dir im Herzen etwas zeigt, folge ihm, aber bis dahin entscheide selbst. Er wird dir deine Herzenswünsche erfüllen, wenn du dich an ihm erfreust.

Gott nennt es das »Verkünden des Ausgangs vor dem Anfang«. Weil du als neuer Mensch die Natur Gottes in dir hast, solltest auch du deinen Ausgang vor dem Anfang verkünden. Warte nicht darauf, wie das Ende sein wird. Bestimme, wie es sein wird! Triff die Entscheidung basierend auf deiner neuen Identität. Nimm an, dass es keine Einschränkungen gibt, außer denen, die in deinem Herzen bleiben. In Christus ist alles möglich. Betrete den Raum des grenzenlosen Lebens und nimm die Verheißungen Gottes als wahr an – jetzt!

NACHWORT

In diesem Buch konntest du meinen Lebensweg verfolgen. Du hast erfahren, wie ich mich in meinem Leben immer weiter auf den Abgrund zubewegte und wie ich die Umkehr schaffte. Das geschah, weil ich die Frohbotschaft und nicht die Drohbotschaft gehört habe. Ich erkannte, dass mich Gott mit all seiner Kraft retten und nicht bestrafen oder gar verdammen wollte.

Gott hat mich aus den Fängen der Sünde befreit, aber nicht, weil ich ständig in die Kirche ging oder täglich ein paar »Gegrüßt seist du, Maria« gebetet habe. Er hat mir für meine Errettung keine Bedingung gestellt. Ich habe einfach nur Jesus Christus in mir angenommen. Ab da begann der Prozess der Verwandlung.

Ich kann nicht sagen, dass diese Entwicklung bereits abgeschlossen ist. Die Verwandlung wird wohl ewig währen, solange ich auf dieser Erde lebe, aber wie viel sich seit Anbeginn verändert hat, konntest du in diesem Buch erkennen. Abgesehen von der Rettung meines Lebens und meiner Familie ist wohl die wichtigste Errungenschaft der Frieden, den ich dank der Verbindung zu Gott in meinem Herzen spüre.

Dafür bin ich unbeschreiblich dankbar, ebenso wie für die Erkenntnis, dass Gott mich liebt und akzeptiert. Das spüre ich ganz tief in mir. Früher glaubte ich nicht wirklich, dass Gott uns Menschen mit einer vollkommenen Liebe, also bedingungslos liebt. In 1. Johannes 4,18 steht: »*Furcht ist nicht in der Liebe, sondern die vollkommene Liebe treibt die Furcht aus; denn die Furcht rechnet mit Strafe. Wer sich aber fürchtet, der ist nicht vollkommen in der Liebe.*«

Genau so ist es. Bei all den Herausforderungen, die uns dieses Leben bietet, ist es jeden Tag aufs Neue eine Herzensentscheidung, sich in die vollkommene Liebe zu begeben und Gott zu vertrauen. Mit Gott an unserer Seite ist absolut alles möglich, ganz ohne Ausnahme. Auch ein Leben in vollkommener Liebe und ohne Furcht. Wir können in Frieden und Fülle leben, wenn wir uns jetzt dafür entscheiden! Das wünsche ich dir, von ganzem Herzen, in Liebe und mit Gottes Kraft,

dein Franz Wimberger

BIBLIOGRAFIE

Burgh, Bob; Mann, John David. *Der Go Giver!* Innsbruck: Life Success Media GmbH 2012.

Keller, Timothy. *Vom Glück, SELBSTlos zu leben.* Gießen: Brunnen 2014.

Chapman, Gary. *Die fünf Sprachen der Liebe – Wie Kommunikation in der Ehe gelingt.* Marburg: Francke 2010.

Kierkegaard, Sören. *Die Krankheit zum Tode.* Berlin: Hofenberg 2016.

Richards, James B. *Becoming the Person You Want to Be.* Travelers Rest: MileStone 2005.

Smith, Judah. *Leben ist.* Schotten: Grace today Verlag 2015.

Weitere Bücher über
das Evangelium der Gnade
findest du unter:
www.gracetoday.de